KONFUZIUS
Der gute Weg

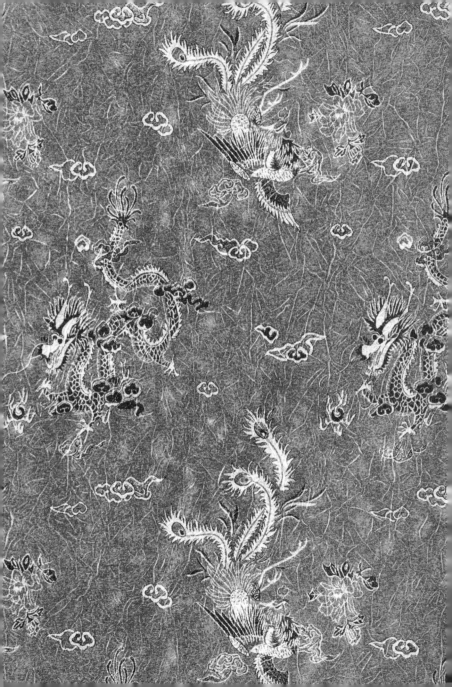

KONFUZIUS

Der gute Weg

Worte der Weisheit

Aus dem Chinesischen übersetzt
und erläutert
von Richard Wilhelm

Anaconda

Die Originalausgabe der Übersetzung von Richard Wilhelm
erschien 1910 bei Eugen Diederichs in Jena.
Textgrundlage dieses Bandes ist die Ausgabe Jena 1914 (2. Auflage).
Einleitung und Anmerkungen wurden in das vorliegende Buch
nicht übernommen.

Die Deutsche Nationalbibliothek verzeichnet diese Publikation in der
Deutschen Nationalbibliographie; detaillierte bibliographische Daten
sind im Internet unter http://dnb.d-nb.de abrufbar.

© 2012 Anaconda Verlag GmbH, Köln
Alle Rechte vorbehalten.
Umschlagmotive: Umschlagmotive: iStockphoto.com/
ShutterWorx (Hintergrund). – Fitzwilliam Museum,
University of Cambridge/bridgemanart.com (Fächer)
Umschlaggestaltung: Druckfrei. Dagmar Herrmann, Köln
Satz und Layout: Roland Poferl Print-Design, Köln
Printed in Czech Republic 2012
ISBN 978-3-86647-844-2
www.anacondaverlag.de
info@anaconda-verlag.de

INHALT

Die mit * versehenen Abschnitte enthalten nicht eigne Worte des Meisters. Die Namen der einzelnen Bücher sind, ähnlich wie die Namen in der hebräischen Thora, einfach die ersten Worte des betreffenden Buchs.

BUCH I · HÜO ERL

1. Glück in der Beschränkung 24
2. Ehrfurcht als Grundlage der staatlichen Ordnung* 24
3. Der Schein trügt 25
4. Tägliche Selbstprüfung* 25
5. Regentenspiegel 25
6. Moralische und ästhetische Bildung der Jugend 26
7. Wer ist gebildet?* 26
8. Kultur der Persönlichkeit 27
9. Pflege der Vergangenheit als Regierungsgrundsatz* 27
10. Die rechte Art, von anderen Aufschluß zu erlangen* 28
11. Merkmale echter Pietät 28
12. Freiheit und Form* 29
13. Vorteil der Zurückhaltung* 29
14. Wonach der Philosoph trachtet 30
15. Fortschritt im Ertragen von Armut und Reichtum .... .30
16. Verkanntsein und Kennen 31

2. BUCH II · WE DSCHONG

1. Der Polarstern 33
2. Das Liederbuch (Ein reines Herz) .... .33
3. Gesetz und Geist bei der Staatsregierung 33
4. Stufen der Entwicklung des Meisters 34

5. Über Kindespflicht I: Nicht übertreten 34
6. Über Kindespflicht II: Krankheit 35
7. Über Kindespflicht III: Ehren, nicht bloß Nähren! 35
8. Über Kindespflicht IV: Betragen 36
9. Merkmal des Verständnisses 36
10. Menschenkenntnis: Worauf man sehen muß 37
11. Ein guter Lehrer (Altes und Neues) 37
12. Der Edle I: Selbstzweck 38
13. Der Edle II: Worte und Taten 38
14. Der Edle III: Universalität 38
15. Lernen und Denken (Begriff und Erfahrung) 38
16. Irrlehren 39
17. Das Wissen 39
18. Wie man eine Lebensstellung erwirbt 40
19. Fügsame Untertanen 40
20. Das Beispiel der Herrschenden 41
21. Abweisung eines lästigen Fragers (Staatsregierung und
    Hausregierung) 42
22. Unaufrichtigkeit macht unbrauchbar (Der Wagen ohne Deichsel) 42
23. Hundert Generationen zu kennen (Sub specie aeternitatis) 43
24. Religion und Moral 43

BUCH III · BA YI

1. Usurpatorenbrauch I: Acht Reihen 46
2. Usurpatorenbrauch II: Yung-Ode 46
3. Religion und Kunst ohne Sittlichkeit 47
4. Das Wesen der Formen 47
5. Die Barbaren und das Reich 47
6. Man kann die Gottheit nicht betrügen 48
7. Der Gebildete und die Konkurrenz: Bogenschießen 48
8. Die Form das letzte: Über das Liederbuch 49
9. Verfall der Kenntnis des Altertums 49
10. Das große Opfer in Lu 50

11. Die geheiminisvolle Bedeutung des großen Opfers für die
    Regierung 51
12. Ernst im Verkehr mit den Überirdischen 51
13. Der Majordomus 52
14. Kulturfortschritt 52
15. Gewissenhaftigkeit in der Religion 52
16. Geschicklichkeit, nicht rohe Kraft: Die Zielscheibe 53
17. Das Opferschaf 53
18. Verkannte Gewissenhaftigkeit im Fürstendienst 54
19. Fürst und Beamte 54
20. Maß im Ausdruck der Empfindung 55
21. Noli tangere 55
22. Verschwendung und Anmaßung als Zeichen beschränkten
    Charakters 55
23. Der rechte Vortrag der Musik 56
24. Der Grenzwart 57
25. Klangschönheit und Formvollendung in der Musik 57
26. Die rechte Gesinnung das Wichtigste 57

BUCH IV · LI JEN

1. Gute Nachbarschaft 59
2. Seelenfrieden 59
3. Die Kunst des Liebens und Hassens 59
4. Ein guter Wille überwindet das Böse 60
5. Das Ideal und das Leben 60
6. Pflicht und Neigung 61
7. Psychologie der Verfehlungen 61
8. Das Beste in der Welt 62
9. Falsche Scham 62
10. Sine ira et studio 62
11. Edles und gemeines Streben 63
12. Nachteil der Selbstsucht 63
13. Wesen und Schein 63

14. In deiner Brust sind deines Schicksals Sterne 64
15. Die Summe der Lehre 64
16. Wes das Herz voll ist 64
17. Anziehendes und warnendes Beispiel 65
18. Kindespflicht I: Vorhalte 65
19. Kindespflicht II: Reisen 65
20. Kindespflicht III: Pietät 66
21. Kindespflicht IV: Alter der Eltern 66
22. Vom Schweigen 66
23. Segen der Beschränkung 66
24. Langsam zum Reden 67
25. Geistesgemeinschaft 67
26. Wider die Aufdringlichkeit* 67

BUCH V · GUNG YE TSCHANG

1. Verheiratungen 69
2. Bildender Umgang 69
3. Bestrafte Eitelkeit 69
4. Güte und Redegewandtheit 70
5. Vorsicht bei Übernahme eines Amtes 70
6. Das Floß der Wahrheit 71
7. Verschiedene Brauchbarkeit 71
8. Erziehung zur Bescheidenheit 71
9. Tadel 72
10. Stärke und Sinnlichkeit 72
11. Ideal und Wirklichkeit 72
12. Exoterisches und Esoterisches* 73
13. Gründlichkeit* 73
14. Bescheidenheit beim Erwerben von Kenntnissen 73
15. Hervorragende Charakterseiten 74
16. Verkehr mit Menschen 74
17. Die Schildkröte 74
18. Die Sittlichkeit ist schwer zu erkennen 74

19. Überlegungen 75
20. Torheit noch schwerer als Weisheit 75
21. Sorge für die Nachwelt 75
22. Vergeben 76
23. Der entlehnte Essig 76
24. Ohne Falsch sein 76
25. Herzenswünsche 76
26. Selbstanklage ist selten 77
27. Bescheidenheit des Meisters 77

BUCH VI · YUNG JA

1. Fürstentugend 79
2. Zeichen des Bildungsstrebens 79
3. Besoldungsfragen 80
4. Individueller Wert 81
5. Nur der Anfang ist schwer 82
6. Brauchbarkeit im Staatsdienst 82
7. Zurückhaltung von Min Dsï Kiän* 82
8. Hartes Los (Be Niu) 83
9. Fröhlichkeit in Armut (Yän Hui) 83
10. Vorzeitiger Verzicht (Jan Kiu) 83
11. Zweck der Wissenschaft (Dsï Hia) 84
12. Wie ein Beamter seine Leute kennenlernt 84
13. Stolze Bescheidenheit 84
14. Was einen Fürsten retten kann 84
15. Das Tor des Lebens 85
16. Das Gleichgewicht zwischen Gehalt und Form 85
17. Aufrichtigkeit als Lebensprinzip 85
18. Stufen der intellektuellen Bildung 86
19. Esoterik der Wissenschaft 86
20. Weisheit und Sittlichkeit I 87
21. Weisheit und Sittlichkeit II 87
22. Stufen des Verfalls 88

23. Falsche Benennungen 88
24. Dumme Gutmütigkeit 89
25. Selbsterziehung 89
26. Verkehr mit einer verrufenen Fürstin 89
27. Maß und Mitte 90
28. Das Wesen der Sittlichkeit 90

BUCH VII · SCHU ERL

1. Resignation 93
2. Der Geist der Wissenschaft 93
3. Betrübnis über die Unvollkommenheit der Menschen 94
4. Der Meister im Privatleben* 94
5. Der Traum 94
6. Vierfacher Weg der Bildung 95
7. Pädagogische Grundsätze I: Bezahlung 95
8. Pädagogische Grundsätze II: Selbsttätigkeit des Schülers 95
9. Weine mit den Weinenden* 96
10. Gelassenheit 96
11. Die Jagd nach dem Glück 97
12. Vorsicht* 98
13. Die Macht der Musik 98
14. Indirekte Frage 98
15. Das Glück eine ziehende Wolke 99
16. Das Buch des Wandels 99
17. Themen der Lehre* 100
18. Wer ist Kung? 100
19. Die Quelle von des Meisters Wissen 100
20. Schweigendes Vorübergehen* 101
21. Überall Lehrer zu finden 101
22. Gottvertrauen 101
23. Offenheit 102
24. Unterricht in den Elementen* 102
25. Auf der Suche nach Menschen 103

26. Fischfang und Jagd* 103
27. Erst wägen, dann wagen 104
28. Weitherzigkeit 104
29. Die intelligible Macht des Willens zur Sittlichkeit 105
30. Versuchung 105
31. Gesang und Begleitung* 106
32. Theorie und Praxis 106
33. Genialität und Fleiß 106
34. Über das Gebet 107
35. Das kleinere Übel 107
36. Der Edle und der Gemeine: Seelenruhe und Sorgen 108
37. Des Meisters Charakter* 108

BUCH VIII · TAI BE

1. Verborgene Verdienste 110
2. Unvollkommenheit guter Gesinnung ohne Takt 110
3. Vorsicht im Leibesleben* 111
4. Das Schwanenlied 112
5. Yän Huis Demut* 112
6. Treue eines fürstlichen Vormunds* 112
7. Die schwere Last und der weite Weg* 113
8. Poesie, Formen, Musik 113
9. Fides implicita 113
10. Gründe des Umsturzes 114
11. Talente ohne moralischen Wert 114
12. Häufigkeit des Brotstudiums 115
13. Charakterbildung und ihr Verhältnis zur Welt 115
14. Gegen Kamarillawirtschaft 116
15. Der Kapellmeister Dschï und das Guan-Dsü-Lied 116
16. Schatten ohne Licht 116
17. Das Geheimnis des Lernens 117
18. Die heiligen Herrscher des Altertums I: Schun und Yü 117
19. Die heiligen Herrscher des Altertums II: Yau 117

20. Die heiligen Herrscher des Altertums III: Yau, Schun, Wu,
    Wen 118
21. Die heiligen Herrscher des Altertums IV: Yü 119

BUCH IX · DSÏ HAN

1. Esoterisches: Lohn, Wille Gottes, Sittlichkeit 121
2. Genie und Talente I: Der Mann aus Da Hiang 121
3. Mode und Sinn 121
4. Negative Tugenden* 122
5. Gottvertrauen 123
6. Genie und Talente II: Der Minister 123
7. Der Meister und sein Wissen 124
8. Kein Zeichen 124
9. Ehrfurcht vor Rang und Unglück* 125
10. Das Ideal und der Schüler* 125
11. Der Meister im Sterben 125
12. Der Edelstein 126
13. Die Barbaren 126
14. Reform der Musik 126
15. Der Geist der Lebenskunst 126
16. Der Fluß 127
17. Himmlische und irdische Liebe 127
18. Stillstand und Fortschritt: Der Berg 127
19. Beharrlichkeit [Yän Hui] 128
20. Beständiger Fortschritt [Yän Hui] 128
21. Blüten ohne Früchte 128
22. Ehrfurcht vor dem kommenden Geschlecht 129
23. Zustimmung und Tat 129
24. Treu und Glauben 129
25. Die Macht des Kleinsten 129
26. Dsï Lus Lob und Tadel 130
27. Im Winter 130
28. Der dreifache Sieg 131

29. Genossen auf dem Lebensweg 131
30. Fernes Gedenken 132

BUCH X · HIANG DANG

1. Kungs Redeweise zu Hause und bei Hofe* 134
2. Verkehr mit Beamten und Fürsten* 134
3. Bei Staatsbesuchen* 134
4. Während der Audienz 134
5. Benehmen bei diplomatischen Missionen 135
6. Kleiderregeln* 135
7. Das Fasten 136
8. Das Essen* 136
9. Die Matte* 137
10. Dorffeste* 137
11. Boten 137
12. Der Stallbrand 137
13. Ehrungen durch den Fürsten* 138
14. Im königlichen Heiligtum* 138
15. Verhältnis zu Freunden* 138
16. Das Äußere. Benehmen* 138
17. Im Wagen* 139
18. Die Fasanenhenne 139

BUCH XI · SIAN DSIN

1. Alte und neue Zeit 141
2. Die Jünger der Wanderzeit 141
3. Yän Huis Auffassungsgabe 142
4. Min Dsï Kiäns Pietät 142
5. Nan Yungs Besonnenheit und ihr Lohn 142
6. Welcher ist der Größte unter den Jüngern? 142
7. Rücksicht auf die Lebenden 142

8. Gottverlassenheit 143
9. Des Meisters Tränen um Yän Hui 143
10. Yän Huis Beerdigung* 143
11. Tod und Leben 143
12. Im Kreise der Seinen 144
13. Urteile über die Jünger I: Min Dsï Kiän. Das lange Schatzhaus   145
14. Urteile über die Jünger II: Dsï Lus Lautenspiel 145
15. Urteile über die Jünger III: Dsï Dschang und Dsï Hia. Zu wenig
    und zu viel 145
16. Urteile über die Jünger IV: Jan Kiu im Dienst 145
17. Urteile über die Jünger V: Dsï Gau, Dsong Schen, Dsï Dschang,
    Dsï Lu 146
18. Urteile über die Jünger VI: Yän Hui und Dsï Gung. Schätze im
    Himmel und auf Erden 146
19. Talent und Genie 146
20. Gehalt der Rede 147
21. Individuelle Behandlung (Dsï Lu und Jan Kiu) 147
22. Bescheidenheit 148
23. Strenges Urteil 148
24. Notwendigkeit geistiger Reife 148
25. Herzenswünsche 149

BUCH XII · YÄN YÜAN

1. Sittlichkeit I: Schönheit 152
2. Sittlichkeit II: Ehrfurcht und Nächstenliebe 153
3. Sittlichkeit III: Gründlichkeit 154
4. Der Edle ist frei von Schwermut und Angst 154
5. Trost* 155
6. Klarheit des Geistes 156
7. Staatsregierung I: Vertrauen 156
8. Kern und Schale* 157
9. Volkswohlstand und Staatswohlstand 158
10. Aus Dunkelheit zum Licht I 159

11. Staatsregierung II: Soziale Ordnung als Grundlage des
    Staatswesens 160
12. Dsï Lus Lob 160
13. Prozesse entscheiden und Prozesse verhüten 161
14. Staatsregierung III: Unermüdliche Gewissenhaftigkeit 161
15. Selbsterziehung 161
16. Einfluß auf andere 161
17. Staatsregierung IV: Die Person des Herrschenden 162
18. Das Volk richtet sich nach der Person, nicht nach den Worten . 162
19. Staatsregierung V: Wind und Gras 163
20. Bedeutung und Berühmtheit 163
21. Aus Dunkelheit zum Licht II 165
22. Sittlichkeit und Weisheit 166
23. Freundschaft 167
24. Zweck der Freundschaft* 167

BUCH XIII · DSÏ LU

1. Staatsregierung I: Der Regent als Erster im Dienen 169
2. Staatsregierung II: Wider das persönliche Regiment 169
3. Staatsregierung III: Richtigstellung der Begriffe 170
4. Staatsregierung IV: Keine technischen Spezialkenntnisse
   erforderlich 171
5. Theorie und Praxis 171
6. Die Person des Herrschenden 172
7. Urteil über zwei zeitgenössische Staaten 172
8. Anpassung an die Umstände 172
9. Staatsregierung V: Zeitfolge der Ziele 173
10. Selbstbeurteilung 173
11. Erfolg des Talentes 173
12. Erfolg des berufenen Genius 173
13. Selbstbeherrschung die Grundlage der Regierung 174
14. Nebenregierung 174
15. Das Geheimnis der Blüte und des Untergangs der Staaten 174

16. Staatsregierung VI: Nach ihren Früchten 175
17. Staatsregierung VII: Dauernder Erfolg 176
18. Aufrichtigkeit und Pietät 176
19. Sittlichkeit: Ehrfurcht und Gewissenhaftigkeit 177
20. Verschiedene Stufen von Gebildeten 177
21. Wer ist zum Jünger geschickt? 178
22. Fluch der Unbeständigkeit 179
23. Der Edle und der Gemeine I: Umgang mit anderen 179
24. Die Liebe und der Haß der andern 180
25. Der Edle und der Gemeine II: Dienst und Gunst 180
26. Der Edle und der Gemeine III: Stolz und Hochmut 180
27. Für die Sittlichkeit günstige Naturveranlagung 181
28. Eigenschaften des Gemüts, die dem Gebildeten wesentlich
    sind   181
29. Volkserziehung und kriegerische Tüchtigkeit 182
30. Mangel der Volkserziehung rächt sich im Krieg 182

BUCH XIV · HIÄN WEN

1. Schande 184
2. Das Schwierige ist darum noch nicht sittlich 184
3. Der Mann muß hinaus 184
4. Wort und Tat in guter und böser Zeit 185
5. Ausdruck und Innerlichkeit 185
6. Nicht Macht, sondern Geist ererbt das Erdreich 186
7. Geistige Bedeutung und Sittlichkeit 186
8. Die rechte Liebe 187
9. Sorgfalt bei der Herstellung amtlicher Schriftstücke 187
10. Urteile über Zeitgenossen I: Dsï Tschan, Dsï Si, Guan Dschung 187
11. Würdiges Ertragen der Armut schwerer als das des Reichtums* 188
12. Urteile über Zeitgenossen II: Mong Gung Tscho 188
13. Der vollkommene Mensch 189
14. Urteile über Zeitgenossen III: Gung Schu Wen Dsï 190
15. Urteile über Zeitgenossen IV: Dsang Wu Dschung 190

16. Urteile über Zeitgenossen V: Fürst Wen von Dsin und Huan von Tsi 191
17. Urteile über Zeitgenossen VI: Guan Dschung 191
18. Urteile über Zeitgenossen VII: Guan Dschung 191
19. Urteile über Zeitgenossen VIII: Gung Schu Wen Dsï 192
20. Urteile über Zeitgenossen IX: Fürst Ling von We 192
21. Worte und Taten I 193
22. Fürstenmord 193
23. Fürstendienst 193
24. Der Edle und der Gemeine: Erfahrung 194
25. Verschiedener Zweck der Kenntnisse 194
26. Ein guter Bote 194
27. Gegen Kamarillawirtschaft 195
28. Bescheidenheit* 195
29. Worte und Taten II 195
30. Der dreifache Weg des Edlen 195
31. Richtet nicht! 195
32. Grund zum Kummer 196
33. Argloses Wissen 196
34. Selbstverteidigung 196
35. Das Roß 196
36. Vergeltung 197
37. Ergebung in das Schicksal I: Verkennung 197
38. Ergebung in das Schicksal II: Verleumdung 197
39. Weltflucht 198
40. Kulturschöpfer 198
41. Am Steintor* 199
42. Des Meisters Musik und der Eremit von We 199
43. Hoftrauer 200
44. Macht der Kultur 200
45. Der Edle: Ausbildung der Persönlichkeit 201
46. In der Heimat I: Der alte Yüan 201
47. In der Heimat II: Der Junge aus Küo 202

BUCH XV · WE LING GUNG

1. Der Meister in We und Tschen ... 204
2. Die Summe des Wissens ... 205
3. Die Macht des Geistes ... 205
4. Vom Nichtstun ... 205
5. Geheimnis des Erfolgs ... 206
6. Urteile über Zeitgenossen I: Dsï Yü und Gü Be Yü von We ... 207
7. Worte und Menschen ... 207
8. Das Leben ist der Güter höchstes nicht ... 207
9. Der Weg zur Sittlichkeit ... 208
10. Regierungsgrundsätze ... 208
11. Vorbedacht ... 209
12. Himmlische und irdische Liebe ... 209
13. Urteile über Zeitgenossen II: Dsang Wen Dschung ... 209
14. Vermeidung von Groll ... 210
15. Wichtigkeit des eignen Denkens ... 210
16. Trivialität ... 210
17. Der Edle I: Handlungsweise ... 210
18. Der Edle II: Grund zum Kummer ... 211
19. Der Edle III: Unsterblichkeit ... 211
20. Der Edle IV: Ansprüche ... 211
21. Der Edle V: Soziale Beziehungen ... 211
22. Der Edle VI: Urteil über Menschen und Worte ... 212
23. Praktischer Imperativ ... 212
24. Gerechte Beurteilung (Sine ira et studio) ... 212
25. Einst und jetzt ... 213
26. Schlauheit und Unverträglichkeit als Hindernisse ... 213
27. Der Parteien Gunst und Haß ... 214
28. Die Wahrheit und ihre Vertreter ... 214
29. Fehler ohne Besserung ... 214
30. Nachdenken und Lernen ... 214
31. Der Edle VII: Die vornehmste Sorge ... 215
32. Was ein Regent braucht: Weisheit, Sittlichkeit, Würde und Form ... 215
33. Der Edle und der Gemeine VIII: Verschiedene Verwendbarkeit ... 216

34. Sittlichkeit als Lebenselement 216
35. Keinen Vortritt 217
36. Der Edle IX: Festigkeit 217
37. Gewissenhafter Fürstendienst 217
38. Jenseits der Standesunterschiede 217
39. Prinzipielle Übereinstimmung als Grundlage für gemeinsame Arbeit 218
40. Deutlichkeit des Stils 218
41. Der Meister und der blinde Musiker 218

BUCH XVI · GI SCHÏ

1. Ungerechter Feldzug 220
2. Der Niedergang des Reichs 221
3. Strafe der Usurpation 221
4. Drei nützliche und drei schädliche Freunde 222
5. Drei nützliche und drei schädliche Freuden 222
6. Drei Fehler im Verkehr mit Älteren 222
7. Dreierlei Vorsicht 222
8. Dreierlei Ehrfurcht 223
9. Vier Klassen des Wissens 223
10. Neunerlei Gedanken 223
11. Prinzipien mit und ohne Vertreter 224
12. Urteil über historische Persönlichkeiten: Ging von Tsi und Be I und Schu Tsi* 224
13. Des Meisters Verhältnis zu seinem Sohn 225
14. Bezeichnungen der Landesfürstin* 225

BUCH XVII · YANG HO

1. Begegnung mit dem Usurpator Yang Ho 227
2. Natur und Kultur 227
3. Unveränderlichkeit des Wesens 227

4. Kleine Zwecke, große Mittel (Huhn und Ochsenmesser) 228
5. Möglichkeit des Wirkens I: Gung-Schan Fu-Yau 228
6. Die fünf Vorbedingungen der Sittlichkeit 229
7. Möglichkeit des Wirkens II: Bi Hi 229
8. Die sechs Worte und sechs Verdunkelungen 230
9. Der Nutzen des Liederbuchs 230
10. Der Meister im Gespräch mit seinem Sohn über die Poesie . . . 231
11. Scheinkultur 231
12. Wider die Hochtrabenden 231
13. Wider die Heuchler 232
14. Wider die Schwätzer 232
15. Wider die Streber 232
16. Der Wechsel der Fehler im Lauf der Zeiten 233
17. Der Schein trügt 233
18. Das Glänzende und das Echte 234
19. Wirken ohne Worte 234
20. Abweisung eines Besuchers* 235
21. Über die Trauerzeit 235
22. Wider das Nichtstun 235
23. Mut und Pflichtgefühl 236
24. Was der Edle haßt 236
25. Frauen und Knechte 237
26. Grenze der Möglichkeiten 237

BUCH XVIII · WE DSÏ

1. Die drei sittlichen Heroen der Yin-Dynastie 239
2. Die Vaterlandsliebe Huis von Liu Hia* 239
3. Im Staate Tsi 239
4. Des Meisters Rücktritt aus dem Amt in Lu* 239
5. Der Narr von Tschu* 240
6. Die Furt* 240
7. Dsï Lu und der Alte* 241
8. Die sich vor der Welt verbargen* 241

9. Der Rückzug der Musiker von Lu 242
10. Der Rat des Fürsten Dschou an den Fürsten von Lu* 242
11. Die vier Zwillingspaare der Dschou-Dynastie* 242

BUCH XIX · DSÏ DSCHANG

1. Das Ideal des Gebildeten (Dsï Dschang)* 244
2. Mangelnder Fortschritt (Dsï Dschang)* 244
3. Dsï Hias Jünger bei Dsï Dschang 244
4. Die Gefahr des Dilettantismus* 245
5. Der rechte Philosoph* 245
6. Bildung und Sittlichkeit* 245
7. Das Gleichnis von den Handwerkern* 246
8. Die Fehler der Gemeinen* 246
9. Die drei Verwandlungen des Edlen 246
10. Der Wert des Vertrauens* 246
11. Die Großen und die Kleinen* 247
12. Dsï Yus Kritik und Dsï Hias Replik* 247
13. Amt und Studium* 248
14. Die Trauer* 248
15. Dsï Yus Kritik an Dsï Dschang* 248
16. Dsong Schens Kritik an Dsï Dschang* 248
17. Die Entfaltung des Wesens in der Trauerzeit* 249
18. Vorbildliche Pietät* 249
19. Menschlichkeit gegen die Schuldigen* 249
20. Die Gefahr der falschen Stellung* 249
21. Die Fehler des Edlen* 250
22. Die Quellen von Kungs Bildung* 250
23. Die Hofmauer* 250
24. Die Hügel und Sonne und Mond* 251
25. Der Himmelsfürst* 251

BUCH XX · YAU YÜO

1. Die Heiligen Fürsten der Vorzeit 253
2. Der rechte Herrscher 255
3. Die Summe der Lehre 256

BUCH I

HÜO ERL

1. Glück in der Beschränkung

Der Meister sprach: »Lernen und fortwährend üben: ist das denn nicht auch befriedigend? Freunde haben, die aus fernen Gegenden kommen: ist das nicht auch fröhlich?

Wenn die Menschen einen nicht erkennen, doch nicht murren: ist das nicht auch edel?«

Das Glück besteht in der Möglichkeit, seine Prinzipien durchführen zu können. Aber das hängt nicht von uns ab. Es gibt aber auch ein Glück für den, dem das alles versagt ist. Das Erbe der Vergangenheit sich anzueignen und es ausübend zu besitzen: das gewährt auch Befriedigung. Wenn dann der wachsende Ruhm aus fernen Gegenden Jünger herbeiführt: das ist auch Freude. Von der Welt sich verkannt zu sehen, ohne sich verbittern zu lassen: das ist auch Seelengröße.

2. Ehrfurcht als Grundlage der staatlichen Ordnung

Meister Yu sprach: »Daß jemand, der als Mensch pietätvoll und gehorsam ist, doch es liebt, seinen Oberen zu widerstreben, ist selten. Daß jemand, der es nicht liebt, seinen Oberen zu widerstreben, Aufruhr macht, ist noch nie dagewesen. Der Edle pflegt die Wurzel; steht die Wurzel fest, so wächst der Weg. Pietät und Gehorsam: das sind die Wurzeln des Menschentums.«

Meister Yu sprach: »Wer sich pietätvoll dem Familienorganismus einordnet, der wird schwerlich ein politischer Oppositionsmann sein. Wer sich von politischer Opposition fernhält, der wird sicher kein Empörer. Ein umsichtiger Regent wird daher im Familiengefühl die Wurzel der staatlichen Ordnung pflegen. Ist diese Wurzel gesund, so durchwächst von ihr aus das Prinzip der pietätvollen Unterordnung das gesamte Staatswesen; denn die Ehrfurcht ist die Grundlage aller sozialen Ordnung.«

3. Der Schein trügt

Der Meister sprach: »Glatte Worte und einschmeichelnde Mienen sind selten vereint mit Sittlichkeit.«

Diplomatische Gewandtheit und konventionelles Wesen sind unvereinbar mit wirklicher Güte des Charakters.

4. Tägliche Selbstprüfung

Meister Dsong sprach: »Ich prüfe täglich dreifach mein Selbst: Ob ich, für andere sinnend, es etwa nicht aus innerstem Herzen getan; ob ich, mit Freunden verkehrend, etwa meinem Worte nicht treu war; ob ich meine Lehren etwa nicht geübt habe.«

Meister Dsong (das hauptsächliche Schulhaupt nach Kungs Tode) sprach: »Ich prüfe mich täglich in dreifacher Hinsicht: ob ich übernommene Verpflichtungen gewissenhaft ausgeführt habe; ob ich im Verkehr mit Freunden immer Wort gehalten habe; ob ich die Lehren, die ich andern gab, selbst auch befolgt habe.«

5. Regentenspiegel

Der Meister sprach: »Bei der Leitung eines Staates von 1000 Kriegswagen muß man die Geschäfte achten und wahr sein, sparsam verbrauchen und die Menschen lieben, das Volk benutzen entsprechend der Zeit.«

Auch eine Großmacht läßt sich nach ganz einfachen Prinzipien in geordnetem Zustand halten: Sorgfältigste Erledigung aller Arbeiten und Zuverlässigkeit, Sparsamkeit in den Mitteln und Interesse für die Menschen; bei der Verwendung der Untertanen zu öffentlichen Leistungen: Rücksicht auf die Verhältnisse, in denen sie sich befinden.

6. Moralische und ästhetische Bildung der Jugend

Der Meister sprach: »Ein Jüngling soll nach innen kindesliebend, nach außen bruderliebend sein, pünktlich und wahr, seine Liebe überfließen lassend auf alle und eng verbunden mit den Sittlichen. Wenn er so wandelt und übrige Kraft hat, so mag er sie anwenden zur Erlernung der Künste.«

Die Jugenderziehung muß im engsten Familienkreise einsetzen durch Pflege der Ehrfurcht den Eltern gegenüber. Diese Ehrfurcht hat sich dann allmählich auszudehnen und zu erweitern in ein bescheidenes Betragen gegenüber erfahrenen und älteren Persönlichkeiten. Die wichtigsten Eigenschaften bei der Ausbildung des persönlichen Charakters sind Pünktlichkeit und Zuverlässigkeit. Im Verkehr mit anderen ist auf eine arglose, freie Sympathie mit allen Menschen Gewicht zu legen, während der intime Anschluß auf Leute von moralischer Haltung sich zu beschränken hat. Auf dieser Grundlage sittlicher Erziehung mag sich bei besonderer Begabung höhere wissenschaftliche und ästhetische Bildung aufbauen.

7. Wer ist gebildet?

Dsï Hia sprach: »Wer die Würdigen würdigt, so daß er sein Betragen ändert, wer Vater und Mutter dient, so daß er dabei seine ganze Kraft aufbietet, wer dem Fürsten dient, so daß er seine Person drangibt, wer im Verkehr mit Freunden so redet, daß er zu seinem Worte steht: Wenn es von einem solchen heißt, er habe noch keine Bildung, so glaube ich doch fest, daß er Bildung hat.«

Dsï Hia sprach: »Wer sich durch die Verehrung für große Männer dazu bestimmen läßt, ihrem Beispiel praktischen Einfluß auf sein tägliches Leben zu geben; wer seinen Eltern dient aus allen seinen Kräften und im Dienst des Fürsten treu ist bis zum Tod; wer sich den Freunden gegenüber durch sein gegebenes Wort unbedingt gebunden fühlt; solch ein Mann mag vielleicht nicht viel Büchergelehrsamkeit besitzen, aber ich behaupte doch, daß er wirklich gebildet ist.«

8. *Kultur der Persönlichkeit*

Der Meister sprach: »Ist der Edle nicht gesetzt, so scheut man ihn nicht. Was das Lernen betrifft, so sei nicht beschränkt. Halte dich eng an die Gewissenhaften und Treuen. Mache Treu und Glauben zur Hauptsache. Habe keinen Freund, der dir nicht gleich ist. Hast du Fehler, scheue dich nicht, sie zu verbessern.«

Für einen Gelehrten ist ein gesetztes, ernstes Wesen von großer Wichtigkeit. Er erwirbt sich dadurch die achtungsvolle Anerkennung der anderen Menschen. In seiner wissenschaftlichen Arbeit hat er sich von aller beschränkten Einseitigkeit fern zu halten. Bei der Wahl des intimen Verkehrs halte man sich an gewissenhafte und wahre Menschen und bleibe von Minderwertigen fern. Hat man einen Fehler gemacht, so suche man ihn nicht mit falscher Scham zu beschönigen, sondern gestehe ihn offen ein und mache ihn wieder gut.

9. *Pflege der Vergangenheit als Regierungsgrundsatz*

Meister Dsong sprach: »Gewissenhaftigkeit gegen die Vollendeten und Nachfolge der Dahingegangenen: so wendet sich des Volkes Art zur Hochherzigkeit.«

Der Philosoph Dsong sprach: »Dadurch, daß ein Fürst die dankbare Verehrung für die Vergangenheit auch in den äußeren Forrnen, in denen diese Gesinnung ihren Ausdruck findet, gewissenhaft pflegt, wird es ihm möglich sein, sein Volk dahin zu beeinflussen, daß es sich nicht in der Sucht nach materiellem Gewinn verliert, sondern daß ein liberaler Sinn für die geistigen Güter lebendig wird.«

10. Die rechte Art, von anderen Aufschluß zu erlangen

Dsï Kin fragte den Dsï Gung und sprach: »Wenn der Meister in irgendein Land kommt, so erfährt er sicher seine Regierungsart: Bittet er oder wird es ihm entgegengebracht?« Dsï Gung sprach: »Der Meister ist milde, einfach, ehrerbietig, mäßig und nachgiebig: dadurch erreicht er es. Des Meisters Art zu bitten: ist sie nicht verschieden von anderer Menschen Art zu bitten?«

Der Jünger Dsï Kin fragte den Jünger Dsï Gung: »Immer wenn unser Meister auf seinen Wanderungen durch einen fremden Staat kommt, ist er in kurzer Zeit über den Stand seiner öffentlichen Angelegenheiten im klaren. Wie kommt er zu dieser Kenntnis? Fragt er nach den Verhältnissen, oder wird es ihm von den Betreffenden aus freien Stücken mitgeteilt?« Dsï Gung antwortete: »Der Meister hat eine ganz besondere Art, das Vertrauen der Leute zu gewinnen, so daß sie ihm in ihre Verhältnisse Einblick gewähren: er ist milde in seinem Urteil, wohlwollend in seinem Reden, höflich in seinem Betragen, anspruchslos in seinem Auftreten und unaufdringlich in seiner Art, sich zu geben: kurz, er stellt sein eigenes Ich in den Hintergrund; das ist das Geheimnis seines Erfolgs.«

11. Merkmale echter Pietät

Der Meister sprach: »Ist der Vater am Leben, so schaue auf seinen Willen. Ist der Vater nicht mehr, so schaue auf seinen Wandel. Drei Jahre lang nicht ändern des Vaters Weg: das kann kindesliebend heißen.«

Um zu erkennen, wie weit ein Mensch der idealen Forderung der Ehrfurcht gegen die väterliche Autorität entspricht, muß man, so lange sein Vater noch lebt und auf seine äußere Handlungsweise bestimmenden Einfluß auszuüben vermag, seine innere Willensrichtung beobachten. Ist der Vater tot und der Sohn in seinen Handlungen durch keine äußere

Gewalt gehemmt, dann kann man ihn in seinem Betragen beobachten. Weicht er drei Jahre lang nicht ab von seines Vaters Wegen, dann besitzt er wirklich die Gesinnung wahrer Ehrfurcht in sich selbst.

12. Freiheit und Form

Meister Yu sprach: »Bei der Ausübung der Formen ist die (innere) Harmonie die Hauptsache. Der alten Könige Pfad ist dadurch so schön, daß sie im Kleinen und Großen sich danach richteten. Dennoch gibt es Punkte, wo es nicht geht. Die Harmonie kennen, ohne daß die Harmonie durch die Form geregelt wird: das geht auch nicht.«

Der Philosoph Yu sprach: »Um mit richtigem Takt in allen Verhältnissen das Geziemende zu tun, ist notwendige Vorbedingung eine harmonische Seelenverfassung. Diese Übereinstimmung zwischen dem Gemüt und den äußeren Formen ist das Anziehende an den Prinzipien der Heroen des Altertums. Im Kleinen wie im Großen findet sich bei ihnen diese Harmonie. Diese harmonische Seelenstimmung allein ist aber ihrerseits auch nicht ausreichend. Wenn die innere Stimmung nicht durch den Rhythmus fester Formen geregelt wird, so hat sie nicht den nötigen Halt.«

13. Vorteil der Zurückhaltung

Meister Yu sprach: »Abmachungen müssen sich an die Gerechtigkeit halten, dann kann man sein Versprechen erfüllen. Ehrenbezeugungen müssen sich nach den Regeln richten, dann bleibt Schande und Beschämung fern. Beim Anschluß an andre werfe man seine Zuneigung nicht weg, so kann man verbunden bleiben.«

Der Philosoph Yu sprach: »Man soll nie mehr versprechen, als was sich mit Recht und Billigkeit verträgt; dann kann man stets Wort halten. Man soll sich bei seinen Ehrenbezeugungen immer in den Grenzen des Geziemenden halten, so erspart man sich Selbsterniedrigung und Beschämung. Man soll sich nur an solche Leute eng anschließen, bei denen man nicht befürchten muß, seine Zuneigung wegzuwerfen, so kann man immer durch gegenseitige Hochschätzung mit ihnen verbunden bleiben.«

14. Wonach der Philosoph trachtet

Der Meister sprach: »Ein Edler, der beim Essen nicht nach Sättigung fragt, beim Wohnen nicht nach Bequemlichkeit fragt, eifrig im Tun und vorsichtig im Reden, sich denen, die Grundsätze haben, naht, um sich zu bessern, der kann ein das Lernen Liebender genannt werden.«

Das Streben des höheren Menschen geht nicht auf die Außenwelt, auf Sattessen und bequeme Wohnung, sondern auf eigene moralische Vollkommenheit; deshalb ist er in seinen Handlungen sorgfältig und vorsichtig im Reden. Er strebt nach der Gemeinschaft mit Menschen von moralischer Erfahrung, um durch sie sich zum Rechten weisen zu lassen. Auf diese Weise zeigt sich das wirkliche Bildungsstreben.

15. Fortschritt im Ertragen von Armut und Reichtum

Dsï Gung sprach: »Arm ohne zu schmeicheln, reich ohne hochmütig zu sein: wie ist das?«
 Der Meister sprach: »Es geht an, kommt aber noch nicht dem gleich: arm und doch fröhlich sein, reich und doch die Regeln lieben.«
 Dsï Gung sprach: »Ein Lied sagt:

Erst geschnitten, dann gefeilt,
Erst gehauen, dann geglättet.

Damit ist wohl eben das gemeint?«

Der Meister sprach: »Sï, anfangen kann man, mit ihm über die Lieder zu reden. Sagt man die Folgerung, so kann er den Grund finden.«

Dsï Gung sprach: »Was ist von einem Menschen zu halten, der in der Armut sich von kriechendem Schmeichlersinn und im Reichtum von hochmütiger Einbildung fernzuhalten weiß?«
Der Meister sprach: »Es geht an, aber noch höher ist es zu werten, wenn einer inmitten der Armut die Freude an der Wahrheit sich wahrt und inmitten des Reichtums sich selbst in der Zucht hält.«
Dsï Gung sprach: »Diese Stufenfolge moralischer Vervollkommnung ist ja auch wohl im Liederbuch angedeutet, wo es heißt:

Erst geschnitten, dann gefeilt,
Erst gehauen, dann geglättet.«

Da sprach der Meister: »Ja, mein Sï, du bist reif genug, daß ich mich über das Liederbuch mit dir unterhalten kann; denn wenn man eine Richtung moralischer Entwicklung zeigt, so findest du das zugrunde liegende allgemeine Gesetz heraus.«

16. Verkanntsein und Kennen

Der Meister sprach: »Nicht kümmere ich mich, daß die Menschen mich nicht kennen. Ich kümmere mich, daß ich die Menschen nicht kenne.«

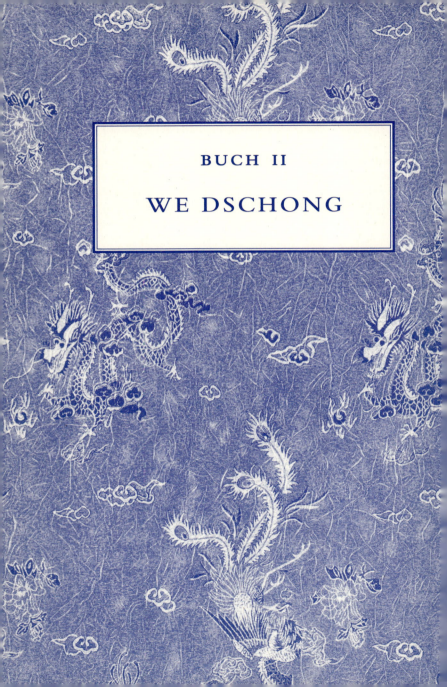

BUCH II
WE DSCHONG

1. Der Polarstern

Der Meister sprach: »Wer kraft seines Wesens herrscht, gleicht dem Nordstern. Der verweilt an seinem Ort, und alle Sterne umkreisen ihn.«

Wie die Sonne nur durch die Überlegenheit ihrer Anziehungskraft die Planeten in ihre Bahnen zwingt, so herrscht der Genius nur durch die immanente Schwerkraft seiner Persönlichkeit ohne alle Vielgeschäftigkeit.

2. Das Liederbuch (Ein reines Herz)

Der Meister sprach: »Des Liederbuchs dreihundert Stücke sind in dem einen Wort befaßt: Denke nicht Arges!«

3. Gesetz und Geist bei der Staatsregierung

Der Meister sprach: »Wenn man durch Erlasse leitet und durch Strafen ordnet, so weicht das Volk aus und hat kein Gewissen. Wenn man durch Kraft des Wesens leitet und durch Sitte ordnet, so hat das Volk Gewissen und erreicht (das Gute).«

Eine bürokratische Regierung, die durch amtliche Vorschriften und Erlasse wirken will und durch Strafandrohungen eine gewisse äußere Ordnung aufrecht erhält, wird nur erreichen, daß sich im Volk Methoden ausbilden, die Gesetze zu umgehen, ohne daß sich irgendjemand ein Gewissen daraus macht. Wirklicher Einfluß wird nur dadurch möglich, daß man in inneren Kontakt mit der Volksseele kommt und durch Herausbildung fester Sitten und Gewohnheiten die äußere Ordnung sichert. Dadurch wird erreicht, daß das Volk Ehrgefühl und Achtung bekommt. (Diese Lesart geht auf ein Monument aus der Hanzeit zurück.)

4. Stufen der Entwicklung des Meisters

Der Meister sprach: »Ich war fünfzehn, und mein Wille stand aufs Lernen, mit dreißig stand ich fest, mit vierzig hatte ich keine Zweifel mehr, mit fünfzig war mir das Gesetz des Himmels kund, mit sechzig war mein Ohr aufgetan, mit siebzig konnte ich meines Herzens Wünschen folgen, ohne das Maß zu übertreten.«

Der Meister sprach: »Im Alter von fünfzehn Jahren erwachte in mir das Interesse an der Wissenschaft. Mit dreißig Jahren hatte sich mein Charakter im allgemeinen gefestigt. Mit vierzig Jahren hatte ich Zweifel und innere Unklarheiten überwunden. Mit fünfzig Jahren hatte ich einen Einblick gewonnen in die ewigen Gesetze des Weltgeschehens. Mit sechzig Jahren hatte ich die Fähigkeit erworben, aus den Äußerungen anderer Menschen ihr Wesen intuitiv zu erkennen. Mit siebzig Jahren endlich war ich soweit, daß meine Neigungen nirgends mehr mit der Pflicht kollidierten.«

5. Über Kindespflicht I: Nicht übertreten

Der Freiherr Mong I fragte nach (dem Wesen) der Kindespflicht. Der Meister sprach: »Nicht übertreten.« Als Fan Tschï hernach seinen Wagen lenkte, erzählte es ihm der Meister und sprach: »Freiherr Mong I befragte mich über die Kindespflicht, und ich sprach: ›Nicht übertreten.‹« Fan Tschï sprach: »Was heißt das?« Der Meister sprach: »Sind die Eltern am Leben, ihnen dienen, wie es sich ziemt, nach ihrem Tod sie beerdigen, wie es sich ziemt, und ihnen opfern, wie es sich ziemt.«

Einer der mächtigsten Großen des Staates Lu, der Freiherr Mong I, fragte den Meister, worin die Erfüllung der Kindespflicht bestehe. Er bekam die Antwort: »Im Nichtübertreten.« Ohne sich nach dem Sinn dieses Rätselwortes genauer zu erkundigen, entfernte sich der Frager. Als aber einige Zeit darauf ein dem Freiherrn nahestehender Schüler, Fan Tschï, mit dem Meister zusammen eine Ausfahrt machte, benutzte dieser die

Gelegenheit, um die Frage aufzuklären. Er erzählte nämlich seinem Schüler, daß Mong I bei ihm gewesen sei und nach dem Wesen der Kindespflicht gefragt habe, worauf er die Antwort gegeben habe: sie bestehe im Nichtübertreten. Der Schüler erkundigte sich darauf nach dem Sinn dieser Antwort, worauf der Meister ihm denselben erklärte: daß nämlich der Kindespflicht ein über alle Zufälligkeiten erhabenes Sittengesetz zugrunde liege, das keinen Raum für persönliche Zu- oder Abneigungen lasse, vielmehr kategorisch fordere; nicht nur verlange es, daß man den Eltern zu deren Lebzeiten diene, sondern es reiche sogar über den Tod der Eltern hinaus und verlange, daß der letzte Dienst der Beerdigung ihm entsprechend vollzogen und daß selbst über das Grab hinaus das Andenken der Verstorbenen durch die festgesetzten Zeremonien geehrt werde.

6. Über Kindespflicht II: Krankheit

Der Freiherr Mong Wu fragte nach (dem Wesen) der Kindespflicht. Der Meister sprach: »Man soll den Eltern außer durch Erkrankung keinen Kummer machen.«

Der Sohn des im vorigen Abschnitt genannten Freiherrn Mong I, namens Mong Wu, fragte ebenfalls nach dem Wesen der Kindespflicht. Der Meister antwortete: »Die Kindespflicht besteht darin, daß wir alles tun, was in unserer Macht steht, um den Eltern jeden Anlass zum Kummer über uns zu ersparen, so daß wir nur etwa durch Erkrankung und solche Dinge, die nicht in unserer Hand stehen, unsern Eltern Sorge bereiten können.«

7. Über Kindespflicht III: Ehren, nicht bloß Nähren!

Dsï Yu fragte nach (dem Wesen) der Kindespflicht. Der Meister sprach: »Heutzutage kindesliebend sein, das heißt (seine Eltern) ernähren können. Aber Ernährung können alle Wesen bis auf Hunde und Pferde herunter haben. Ohne Ehrerbietung: Was ist da für ein Unterschied?«

Der Jünger Dsï Yu fragte nach dem Wesen der Kindespflicht. Da antwortete der Meister: »Heutzutage sieht man die Kindespflicht nur in der Erfüllung der Äußerlichkeit, daß man seine Eltern mit Nahrung versieht. Aber man füttert schließlich auch seine Hunde und Pferde. Wenn man den Eltern nicht Ehrfurcht entgegenbringt, so besteht zwischen der Behandlung der Eltern und der der Haustiere kein wesentlicher Unterschied.«

8. Über Kindespflicht IV: Betragen

Dsï Hia fragte nach (dem Wesen) der Kindespflicht. Der Meister sprach: »Der Gesichtsausdruck ist schwierig. Wenn Arbeit da ist und die Jugend ihre Mühen auf sich nimmt; wenn Essen und Trinken da ist, den Älteren den Vortritt lassen: kann man denn das schon für kindesliebend halten?«

Der Jünger Dsï Hia fragte nach dem Wesen der Kindespflicht. Der Meister antwortete: »Die Schwierigkeit bei ihrer Erfüllung besteht in einem fortdauernd rücksichtsvollen und freundlichen Betragen, daß man es vermeidet, sich im Laufe der Jahre in seinen Manieren den Eltern gegenüber gehen zu lassen. Was man sonst unter der Erfüllung der Kindespflicht versteht, daß die Kinder die Mühen der Arbeit für ihre Eltern auf sich nehmen, daß sie ihnen ihren Besitz zur Verfügung stellen und für ihren Lebensunterhalt sorgen: das alles sind nur die selbstverständlichen Voraussetzungen.«

9. Merkmal des Verständnisses

Der Meister sprach: »Ich redete mit Hui den ganzen Tag; der erwiderte nichts, wie ein Tor. Er zog sich zurück, und ich beobachtete ihn beim Alleinsein, da war er imstande, (meine Lehren) zu entwickeln. Hui, der ist kein Tor.«

Der Meister sprach: »Man könnte Yän Hui für einen Menschen ohne selbständige Interessen halten, wenn man mit ihm spricht: er hört schweigend zu und macht weder Einwürfe, noch stellt er weiterführende Fragen. Wenn man ihn aber nachher beobachtet, so sieht man an der Art, wie er das Gehörte selbständig entwickelt, daß er durchaus in den Geist der Sache eingedrungen ist.«

10. Menschenkenntnis: Worauf man sehen muß

Der Meister sprach: »Sieh, was einer wirkt, schau, wovon er bestimmt wird, forsche, wo er Befriedigung findet: Wie kann ein Mensch da entwischen?«

Um einen Menschen wirklich kennenzulernen, muß man ihn unter drei verschiedenen Gesichtspunkten beobachten. Zuerst muß man die Wirkungen in Betracht ziehen, die von seiner äußeren Tätigkeit ausgehen. Das ist am leichtesten, läßt aber auch am wenigsten bindende Schlüsse zu. Wichtiger und schwieriger ist es, die psychologischen Motive festzustellen, von denen er in seinem Handeln bestimmt wird. Um einen Menschen aber seinem Wesen nach kennenzulernen, ist auch das letzte und schwierigste noch nötig: daß man ihn erkennt, wie er an sich ist. Das einzige Hilfsmittel hierzu ist, zu beobachten, wie und wo er sich wohl fühlt, was seine moralische Lebensluft ist.

11. Ein guter Lehrer (Altes und Neues)

Der Meister sprach: »Das Alte üben und das Neue kennen: dann kann man als Lehrer gelten.«

Vergleiche Matth. 13,52: Darum gleicht ein Lehrer, der für das Himmelreich geschickt ist, einem Hausherrn, der aus seinem Schatze Altes und Neues hervorbringt.

12 Der Edle I: Selbstzweck

Der Meister sprach: »Der Edle ist kein Gerät.«

Es ist unvereinbar mit der Würde des höheren Menschen, sich als bloßes Werkzeug für die Zwecke andrer gebrauchen zu lassen. Er ist Selbstzweck.

13. Der Edle II: Worte und Taten

Dsï Gung fragte nach dem (Wesen des) Edlen. Der Meister sprach: »Erst handeln und dann mit seinen Worten sich danach richten.«

Als Dsï Gung den Meister fragte, welcher Zug am bezeichnendsten für einen vornehmen Charakter sei, antwortete dieser: daß einer seine Prinzipien erst selbst praktisch zur Ausführung bringt, bevor er sie lehrhaft entwickelt.

14. Der Edle III: Universalität

Der Meister sprach: »Der Edle ist vollkommen und nicht engherzig. Der Gemeine ist engherzig und nicht vollkommen.«

Schon durch die Weite seines inneren Horizonts scheidet sich der vornehme Charakter von der Masse. Seine Interessen sind umfassend, aufs Ganze gerichtet, während die geistige Kapazität der Massenmenschen nicht über den engsten Partei- und Familienkreis hinausgeht.

15. Lernen und Denken (Begriff und Erfahrung)

Der Meister sprach: »Lernen und nicht denken ist nichtig. Denken und nicht lernen ist ermüdend.«

Die von der Vergangenheit überkommenen Begriffe sich aneignen, ohne sie mit eignem Gedanken- und Erfahrungsinhalt zu füllen, führt zu totem Formalismus; umgekehrt hat es aber auch seine Gefahren, losgelöst von den gesicherten Resultaten der überlieferten Wissenschaft bloßen abstrakten Gedankengängen zu folgen.

16. Irrlehren

Der Meister sprach: »Irrlehren anzugreifen, das schadet nur.«

Die Wahrheit ist in sich übereinstimmend, während irreleitende Systeme notwendig an Inkonsequenzen kranken. Darum ist es am besten, man läßt derartige Systeme an ihren eignen Inkonsequenzen zugrunde gehen. Jede Polemik bringt nur Verwirrung und macht den Schaden größer.

17. Das Wissen

Der Meister sprach: »Yu, soll ich dich das Wissen lehren? Was man weiß, als Wissen gelten lassen, was man nicht weiß, als Nichtwissen gelten lassen: das ist Wissen.«

Der Meister rief den Schüler Dsï Lu, der etwas oberflächlich war, zu sich heran und sprach zu ihm: »Die Vorbedingung für alles wirkliche Wissen ist ein präzises Unterscheidungsvermögen für die Grenze zwischen dem, was man wirklich weiß, und dem, was man bloß meint. Das, was man weiß, als sichere Grundlage festzuhalten und das Übrige weiterer Forschung vorbehalten, das ist die Methode, um zu wirklichem klaren Wissen zu gelangen.«

18. Wie man eine Lebensstellung erwirbt

Dsï Dschang wollte eine Lebensstellung erreichen. Der Meister sprach: »Viel hören, das Zweifelhafte beiseite lassen, vorsichtig das Übrige aussprechen, so macht man wenig Fehler. Viel sehen, das Gefährliche beiseite lassen, vorsichtig das Übrige tun, so hat man wenig zu bereuen. Im Reden wenig Fehler machen, im Tun wenig zu bereuen haben: darin liegt eine Lebensstellung.«

Der Schüler Dsï Dschang wollte lernen, auf welche Weise man sich eine gesicherte Lebensstellung verschaffen könne. Der Meister antwortete: »Um eine Stellung im Leben zu erreichen, dazu ist es notwendig, daß man sich einen reichen Wissensstoff erwirbt, das so gewonnene Material kritisch sichtet und taktvoll von den gesicherten Resultaten Gebrauch macht. Dadurch vermeidet man in seinen Worten Entgleisungen. Ebenso wichtig ist es, sich eine ausgebreitete Erfahrung der verschiedenen Möglichkeiten des Handelns zu verschaffen, Handlungen mit gefährlichen Konsequenzen zu vermeiden und im übrigen mit Besonnenheit und Überlegung vorzugehen. Dadurch vermeidet man bei seinen Handlungen Übereilung. Wenn man im Reden von Taktlosigkeiten und im Handeln von Übereilungen sich fernzuhalten versteht, so ist einem sowohl eine Stellung im Leben als auch eine Lebensstellung sicher.«

19. Fügsame Untertanen

Fürst Ai fragte und sprach: »Was ist zu tun, damit das Volk fügsam wird?« Meister Kung entgegnete und sprach: »Die Geraden erheben, daß sie auf die Verdrehten drücken: so fügt sich das Volk. Die Verdrehten erheben, daß sie auf die Geraden drücken: so fügt sich das Volk nicht.«

Ai, der Landesfürst Kungs, fragte diesen, was zu tun sei, um das Volk fügsam zu machen. Kung erwiderte: »Wenn man aufrichtige und starke

Charaktere in die maßgebenden Positionen bringt, daß sich auch die moralisch Minderwertigen ihnen beugen müssen, wird man Zustände schaffen, die die öffentliche Meinung befriedigen. Wenn man aber moralisch Minderwertigen Einfluß läßt, so daß die anständigen und geraden Menschen unter ihrem Druck existieren, erregt man notwendig den Unwillen der Bevölkerung.«

20. Das Beispiel der Herrschenden

Freiherr Gi Kang fragte: »Das Volk zur Ehrfurcht und Treue zu bringen durch Ermahnungen: Was ist davon zu halten?«

Der Meister sprach: »Sich (zum Volk) herablassen mit Würde: dadurch bekommt (das Volk) Ehrfurcht; kindliche Ehrfurcht und Menschenliebe (zeigen): dadurch wird es treu. Die Guten erhöhen und die Unfähigen belehren: so wird das Volk ermahnt.«

Der Freiherr Gi Kang, eines der einflußreichen Familienhäupter, die die öffentliche Gewalt im Staate Lu an sich gerissen hatten, fragte den Meister, was man sich davon zu versprechen habe, wenn man das Volk durch amtliche Verwarnungen zum Respekt vor der Regierung und zur Loyalität anhalte. Der Meister antwortete: »Wenn die regierenden Kreise in ihrem Verkehr mit dem Volk die Würde des Benehmens zu wahren wissen, so werden sie sich ganz von selbst Respekt verschaffen. Wenn sie in ihrem sozialen Leben selbst die richtige Gesinnung entfalten, so wird das Volk durch ihr Beispiel so beeinflußt werden, daß Loyalität die Öffentlichkeit beherrscht. Die entsprechende Heranziehung der Tüchtigen und Guten zu amtlicher Tätigkeit und die Belehrung der Unfähigen ist die beste Art, Warnung und Vermahnung an das Volk gelangen zu lassen.«

21. Abweisung eines lästigen Fragers
(Staatsregierung und Hausregierung)

Es redete jemand zu Meister Kung und sprach: »Weshalb beteiligt sich der Meister nicht an der Leitung (des Staates)?«

Der Meister sprach: »Wie steht im ›Buch‹ von der Kindespflicht geschrieben? Kindliche Ehrfurcht und Freundlichkeit gegen die Brüder, das muß man halten, um Leitung zu üben. Das heißt also auch Leitung ausüben. Warum soll denn nur das (amtliche Wirken) Leitung heißen?«

Es fragte einst jemand den Meister, warum er sich nicht aktiv an der Staatsregierung beteilige. Der Meister antwortete: »Nach den Prinzipien des Altertums ist die staatliche Organisation nur eine besondere Form des sozialen Zusammenlebens der Menschen überhaupt, für die dieselben Grundsätze gelten wie in dem engeren Kreise der Familie. Wer aber dies soziale Prinzip in seiner Urerscheinung innerhalb des Familienlebens pflegt, der sorgt dadurch auch für die Herstellung von Zuständen, wie sie die Staatsregierung als Ziel erstrebt. Man muß daher keine eine amtliche Stellung innehaben, um das soziale Zusammenleben im Staatsorganismus fördern zu können.«

22. Unaufrichtigkeit macht unbrauchbar
(Der Wagen ohne Deichsel)

Der Meister sprach: »Ein Mensch ohne Glauben: ich weiß nicht, was mit einem solchen zu machen ist. Ein großer Wagen ohne Joch, ein kleiner Wagen ohne Kummet, wie kann man den voranbringen?«

Der Glaube ist für das Vorankommen des Menschen so unumgänglich nötig wie die Zugvorrichtung für den Wagen. Ein Wagen, der kein Joch hat, an dem Pferde oder Ochsen ziehen können, kommt nicht vorwärts. Ebenso kann man einem Menschen nur dann vorwärts helfen durch die Wahrheit, wenn man auf seiner Seite im Glauben einen Anknüpfungspunkt hat.

23. Hundert Generationen zu kennen
(Sub specie aeternitatis)

Dsï Dschang fragte, ob man zehn Zeitalter wissen könne. Der Meister sprach: »Die Yin-Dynastie beruht auf den Sitten der Hia-Dynastie; was sie davongenommen und dazugetan, kann man wissen. Die Dschou-Dynastie beruht auf den Sitten der Yin-Dynastie. Was sie davongenommen und dazugetan, kann man wissen. Eine andere Dynastie mag die Dschou-Dynastie fortsetzen, aber ob es hundert Zeitalter wären, man kann wissen (wie es gehen wird).«

Dsï Dschang fragte einmal, ob man die Zukunft auf zehn Generationen hinaus wissen könne. Der Meister antwortete: »Wenn man die historische Vergangenheit, wie sie in den geschichtlichen Dokumenten zugänglich ist, sorgfältig erforscht, so kann man gewisse feste Gesetze des Weltgeschehens daraus abstrahieren. Es gibt eine Grundlage von unveränderlichen ethischen Gesetzen, die für jede menschliche Gesellschaftsform gültig sind, daneben gibt es ein Prinzip der Entwicklung, das die Ursache ist, daß alle Dinge in einem bestimmten Kreislauf der Erscheinungen sich ändern. Aus dem Faktor der Konstanz in den Grundverhältnissen und dem Faktor der Entwicklung in den sekundären Verhältnissen setzt sich der Geschichtsverlauf zusammen. Und diese Gesetze historischen Geschehens bleiben dieselben durch alle Zeiten hindurch.«

24. Religion und Moral

Der Meister sprach: »Andern Geistern als den eigenen (Ahnen) zu dienen, ist Schmeichelei. Die Pflicht sehen und nicht tun, ist Mangel an Mut.«

Das Andenken der eigenen Ahnen durch Opfer zu ehren, ist eine von allen eudämonistischen Erwägungen unabhängige Verpflichtung. Abgesehen von dieser religiösen Pflicht geistige Mächte durch Opfer zu seinen

Gunsten zu stimmen suchen, um auf diese Weise übernatürlichen Schutz und Hilfe zu erschleichen, ist schmeichlerische Kriecherei. Außer den religiösen Verpflichtungen gibt es auch moralische Verpflichtungen den Mitmenschen gegenüber. Sich einer solchen klar erkannten Pflicht aus Rücksicht auf die eigne Sicherheit oder Bequemlichkeit zu entziehen trachten, ist unwürdige Feigheit.

BUCH III

BA YI

Dieses Buch handelt hauptsächlich von den Riten und Zeremonien, die bei der Regierung in Ausübung kommen. Da es viele historische Beziehungen hat, ist die Durcharbeitung des Stoffes nicht immer leicht. Umgekehrt gibt es dem aufmerksamen Beobachter vielen Stoff für die richtige Einordnung Kungs in den historischen Verlauf des chinesischen Geisteslebens. Der in dem Buch wiederholt ausgesprochene Gedanke ist, daß alle äußere Form nur dann Sinn hat, wenn ihr ein adäquater Inhalt zur Seite steht. So müssen auch alle Riten und Religionsbräuche Ausfluß der entsprechenden religiösen Gesinnung sein, wenn sie Wert haben sollen. Im übrigen wenden sich die einzelnen Abschnitte gegen Luxus, Anmaßung und Überfeinerung der Zeit und weisen auf die Einfachheit und Strenge des Altertums als Vorbild.

1. Usurpatorenbrauch I: Acht Reihen

Meister Kung sagte von dem Freiherrn Gi, in dessen Haustempel acht Reihen (von Tempeldienern) die heiligen Handlungen ausführten: »Wenn man das hingehen lassen kann, was kann man dann nicht hingehen lassen?«

Die Familie Gi, ein dem Fürstenhaus von Lu verwandtes Geschlecht, hatte bei den Ahnenopfern in ihrem Familientempel zur Ausführung der Zeremonien acht Reihen von Tempeldienern in Gebrauch, eine Zahl, die nur dem Kaiser selbst zustand. Kung machte darauf aufmerksam, daß darin eine so starke Anmaßung liege, daß, wenn der Fürst das hingehen lasse, er auch auf alle möglichen Konsequenzen auf politischem Gebiet gefaßt sein müsse.

2. Usurpatorenbrauch II: Yung-Ode

Die drei Familien ließen unter den Klängen der Yung-Ode (die Opfergeräte) abräumen. Der Meister sprach: »Die Vasallen dienen, der Sohn des Himmels schaut würdevoll darein. Welchen Sinn haben diese Worte in der Halle der drei Familien?«

Ebenso hatten die drei vornehmen Familien Gi, Mong, Schu Sun es eingeführt, daß unter den Klängen des Feiergesangs, mit dem der Begründer der Dschou-Dynastie, König Wu, seinem Vater König Wen opferte, bei ihren Ahnenopfern die Opfergeräte abgeräumt wurden. Kung machte auf das Lächerliche dieser Anmaßung aufmerksam, da in diesem Feiergesang vom Himmelssohn und den Vasallen die Rede ist, die bei den Opfern der Beamten eines Kleinstaats natürlich leere Fiktion waren.

3. Religion und Kunst ohne Sittlichkeit

Der Meister sprach: »Ein Mensch ohne Menschenliebe, was hilft dem die Form? Ein Mensch ohne Menschenliebe, was hilft dem die Musik?«

Wo der rechte Geist der Sittlichkeit fehlt, da helfen alle religiösen Formen und alle frommen Lieder nichts. (Denn Religion und Musik sind nur zu verstehen als äußerer Ausdruck einer inneren Herzensverfassung und sind für sich allein nur leere Schale.)

4. Das Wesen der Formen

Lin Fang fragte nach der Wurzel der Formen. Der Meister sprach: »Ja, das ist eine wichtige Frage. Bei den Formen des Verkehrs ist wertvoller als Prunk die Einfachheit. Bei Trauerfällen ist wertvoller als Leichtigkeit die Trauer.«

Ein sonst unbekannter Mann aus Lu, namens Lin Fang, fragte, was den Regeln für den sozialen Verkehr eigentlich für ein Prinzip zugrunde liege. Der Meister antwortete: »Das ist eine überaus wichtige Frage, für deren Beantwortung als Fingerzeig der Umstand dienen mag, daß man diesem Prinzip näher steht, wenn man sich bei festlichen Veranstaltungen in den Grenzen der Sparsamkeit hält, als wenn man es auf möglichsten Prunk anlegt, und ebenso, wenn man bei Todesfällen sich vom Schmerz überwältigen läßt, als wenn man die Sache zu leicht nimmt.«

5. Die Barbaren und das Reich

Der Meister sprach: »Der Zustand der Barbarenstaaten, die ihre Fürsten haben, ist nicht wie der Zustand unseres großen Reiches, das keine hat.«

Die wilden Stämme im Osten und Norden gehorchen ihren Häuptlingen und haben Sinn für Autorität; sie gleichen in diesem Stück nicht unserem herrlichen großen Reich, in dem alle Autorität vernichtet ist.

6. Man kann die Gottheit nicht betrügen

Freiherr Gi opferte dem Taischan, und der Meister sagte zu Jan Yu und sprach: »Kannst du ihn nicht davor bewahren?« Er erwiderte: »Ich kann es nicht.« Der Meister sprach: »Ach, in eurem Reden vom Taischan gleicht ihr nicht Lin Fang.«

Der (obengenannte) Freiherr Gi kam einmal auch auf den Gedanken, dem Geist des Berges Taischan ein prächtiges Opfer darzubringen. Kung sagte, als er davon hörte, zu seinem Schüler Jan Yu, der Hausbeamter im Dienst jener Familie war:
»Kannst du ihn nicht vor dieser Geschmacklosigkeit bewahren?« Der Schüler verneinte es. Da sprach Kung: »Ihr seid in euren Ansichten von dem Geist des Taischan noch nicht einmal so weit wie Lin Fang [der nach dem Sinn, der solchen Feierlichkeiten zugrunde liegt, mich gefragt hat].«

7. Der Gebildete und die Konkurrenz: Bogenschießen

Der Meister sprach: »Der Edle kennt keinen Streit. Oder ist es beim Bogenschießen vielleicht notwendig? Da läßt er mit einer Verbeugung dem andern den Vortritt beim Hinaufsteigen. Er steigt wieder herab und läßt ihn trinken. Er bleibt auch im Streit ein Edler.«

Ein gebildeter Mann hält sich von allen Konkurrenzstreitigkeiten fern. Man könnte höchstens das Wettschießen anführen, wo es ohne Konkurrenz nicht abgeht. Aber auch da läßt er sich von keiner Leidenschaftlichkeit hinreißen. Er macht seinem Gegner eine Verbeugung und läßt ihm den Vortritt auf den Schießstand. Nachdem er geschossen, tritt er ebenso höflich wieder zurück und läßt den besiegten Gegner den Becher leeren. So zeigt er sich auch beim Wettstreit als Gebildeter.

8. Die Form das letzte: Über das Liederbuch

Dsï Hia fragte und sprach: »Was bedeutet die Stelle:

>   Ihres schelmischen Lächelns Grübchen,
>   Ihrer schönen Augen Blinken
>   Macht schlichtes Weiß zur schönsten Zier?«

Der Meister sprach: »Beim Malen setzt man zuletzt die weißen Stellen auf.« Der Schüler sprach: »Also sind die Formen des Benehmens das letzte.« Da sprach der Meister: »Wer mir behilflich ist (meine Gedanken herauszubringen), das ist Schang. Mit dem kann man anfangen über die Lieder zu reden.«

Der Jünger Dsï Hia fragte einst den Meister über den Sinn der Stelle aus einem alten Lied, wo von einer fürstlichen Braut die Rede ist, die im einfachen Reisekleid ihrem Bräutigam entgegenfährt, deren Schönheit aber so lebhaft wirkt, daß sie in ihrem einfachen weißen Kleid so bezaubernd aussieht, wie andre in gestickten Festgewändern. Der Meister antwortete darauf: »Beim Bemalen der Festgewänder setzt man ja auch zuletzt die weißen Umrisslinien auf.« Der Schüler dachte einen Augenblick nach und sagte: »Das bedeutete also, aufs moralische Gebiet übertragen, daß die äußere Form das letzte ist, das dem Charakter den letzten, höchsten Schliff der Vollkommenheit gibt.« Da sprach der Meister erfreut: »Du gibst mir da einen guten Gedanken, mein Freund, mit dir kann man sich mit Gewinn über die Lieder unterhalten.«

9. Verfall der Kenntnis des Altertums

Der Meister sprach: »Die Riten der Hia-Dynastie könnte ich beschreiben, aber die Gi sind nicht imstande, meine Worte zu bestätigen. Die Riten der Yin-Dynastie könnte ich beschreiben, aber die Sung sind nicht imstande, meine Worte zu bestätigen. Der Grund dafür ist, daß ihre literarischen Urkunden und Gelehrten nicht mehr auf der Höhe sind. Wenn sie auf der Höhe wären, so könnte ich mich auf sie berufen.«

Kung schloss sich in seinen Anschauungen hauptsächlich an die staatlichen Einrichtungen der Dschou-Dynastie an, während er die beiden vorhergehenden Dynastien Hia und Yin (Schang) nicht so sehr berücksichtigte. Den Grund für dieses Verhalten gab er an, indem er sprach: »Ich persönlich bin wohl imstande, mir eine Anschauung von den staatlichen Einrichtungen der Hia- und Yin-Dynastie zu bilden. Aber die Nachkommen der Hia-Dynastie, die heute noch in dem kleinen Fürstentum Gi sitzen, sind nicht imstande, wirkliche Beweise für meine Anschauungen zu liefern. Ebenso lassen sich die Einrichtungen der Yin-Dynastie nicht durch deren Nachkommen in Sung urkundlich belegen. Der Grund für diesen Mangel an historischer Dokumentation ist, daß die literarischen Urkunden und die Gelehrten nicht auf der Höhe sind. So bleibt alles subjektiven Vermutungen überlassen, während ich meine Behauptungen belegen könnte, wenn die historischen Monumente in Ordnung wären.«

10. Das große Opfer in Lu

Der Meister sprach:»Beim großen Opfer (für den Ahn der Dynastie) mag ich vom Ausgießen der Libation an nicht mehr zusehen.«

Der Meister sprach: »Wenn man in Lu das große Opfer für den Ahn der Dynastie darbringt, so mag ich vom Ausgießen der Libation an, wodurch der Geist, dem geopfert wird, veranlasst wird, herabzukommen, nicht mehr zusehen (denn das Unwürdige der Form verletzt mich).«

11. Die geheimnisvolle Bedeutung des großen Opfers für die Regierung

Es fragte jemand nach der Bedeutung des großen Opfers (für den Ahn der Dynastie). Der Meister sprach: »Weiß nicht. Wer davon die Bedeutung wüßte, der wäre imstande, die Welt zu regieren – so leicht wie hierher zu sehen!« Dabei deutete er auf seine flache Hand.

Es fragte jemand nach der Bedeutung des großen Opfers für den Ahn der Dynastie. Der Meister sprach: »Ich kenne die Bedeutung davon nicht. Wer imstande wäre, die ganze Bedeutung dieser heiligen Handlung zu erfassen, der hätte dadurch so tiefe Blicke in die geheimnisvolle Ordnung der Welt und die überirdischen Beziehungen ihrer Kräfte gewonnen, daß er die Welt regieren könnte mit einer Leichtigkeit, als läge sie auf seiner flachen Hand ihm vor Augen.«

12. Ernst im Verkehr mit den Überirdischen

Er opferte [den Ahnen] als in ihrer Gegenwart. Er opferte den Göttern als in ihrer Gegenwart. Der Meister sprach: »Wenn ich bei der Darbringung meines Opfers nicht anwesend bin, so ist es, als habe ich gar nicht geopfert.«
Man soll den Ahnen opfern andächtig als in ihrer Gegenwart. Man soll den Geistern der himmlischen und irdischen Naturordnungen opfern andächtig als in der Gegenwart dieser Geister. Mit Beziehung darauf hat der Meister das Wort gesprochen: »Wenn ich durch irgendeinen Umstand verhindert bin, mein Opfer persönlich darzubringen und mich durch einen andern vertreten lassen muß, so habe ich das Gefühl, als hätte ich gar nicht geopfert.«

13. Der Majordomus

Wang Sun Gia fragte und sprach: »Was ist der Sinn des Sprichworts: Man macht sich eher an den Herdgeist als an den Geist des inneren Hauses?« Der Meister sprach: »Nicht also; sondern wer gegen den Himmel sündigt, hat niemand, zu dem er beten kann.«

Der ehrgeizige Majordomus des Staates We wollte sich die Anerkennung Kungs erschleichen, indem er ihm ein Gleichnis vorlegte und sprach: »Wie kommt es doch, daß die Leute dem tätigen Herdgott viel eifriger mit Opfern dienen als dem in Dunkel wohnenden Hausgeist?« Allein Kung schnitt ihm das Wort ab mit dem Appell an sein Gewissen: »Nicht also! Weit über diesen Spitzfindigkeiten steht der Ernst des Lebens. Wer gegen Gott im Himmel sündigt, der hat niemand, zu dem er beten kann.«

14. Kulturfortschritt

Der Meister sprach: »Die Dschou-Dynastie sieht auf zwei Dynastien zurück. Ihre ganze Bildung ist daher verfeinert. Ich schließe mich der Dschou-Dynastie an.«

Der Meister sprach: »Die Gründer unserer gegenwärtigen Dynastie hatten bei Einrichtung ihrer staatlichen Ordnungen den Vorteil, daß sie sich die guten und üblen Erfahrungen der beiden vorangegangenen Dynastien zunutze machen konnten. Daher diese ausgedachte Verfeinerung in allen Ordnungen des Lebens. Das ist der Grund, warum ich mich in meinen Anschauungen der Dschou-Dynastie anschließe«.

15. Gewissenhaftigkeit in der Religion

Als der Meister das königliche Heiligtum betrat, erkundigte er sich nach jeder einzelnen Verrichtung. Da sprach jemand: »Wer will behaupten, daß der Sohn des Mannes von Dsou die Religion kennt, da er sich beim Betreten des großen Tempels erst nach jeder einzelnen Verrichtung erkundigt?« Der Meister hörte es und sprach: »Das eben ist Religion.«

Als Kung das königliche Heiligtum betrat, in welchem dem Begründer des regierenden Hauses in Lu, dem berühmten Dschou Gung, mit königlichen Ehren geopfert wurde, erkundigte er sich beim Zeremonienmeister erst sorgfältig nach jeder einzelnen Verrichtung. Da sprach jemand: »Wer will nun noch behaupten, daß der junge Mensch da die Religion versteht, da er doch nach allem erst fragen muß?« Der Meister hörte es und sprach: »Gerade dadurch, daß ich mich über alles noch einmal vergewissere, beweise ich ja meine Religion.«

16. Geschicklichkeit, nicht rohe Kraft: Die Zielscheibe

Der Meister sprach: »Beim Bogenschießen kommt es nicht darauf an, durch die Scheibe durchzuschießen, weil die Körperkraft der Menschen verschieden ist. So hielt man's wenigstens in alter Zeit.«

Der Meister sprach: »Das Bogenschießen ist eine Übung in der Eleganz der Bewegung und in der Sicherheit der Hand. Deswegen kommt es nicht darauf an, daß man durch die Zielscheibe durchschießt. Denn man kann nicht verlangen, daß alle Leute über gleich große Körperkräfte verfügen. So wenigstens hielt man es in alter Zeit.«

17. Das Opferschaf

Dsï Gung wollte, daß das Opferschaf bei der Verkündigung des neuen Mondes abgeschafft würde. Der Meister sprach: »Mein lieber Sï, dir ist es leid um das Schaf, mir ist es leid um den Brauch.«

Der Jünger Dsï Gung wollte, daß das Opferschaf, das als kümmerlicher Rest der ursprünglich feierlichen Zeremonie der Verkündigung des neuen Monds noch übrig geblieben war, auch vollends abgeschafft würde. Der Meister aber wehrte dem und sprach: »Die materielle Ersparnis, die man durch die Beseitigung dieses Brauches erzielen würde, hebt den idealen Nachteil lange nicht auf, der dadurch entstünde, wenn mit dem äußeren Ausdruck im Opfer auch der Gedanke der religiösen Gebundenheit der menschlichen Ordnungen an die großen Naturordnungen verloren ginge.«

18. Verkannte Gewissenhaftigkeit im Fürstendienst

Der Meister sprach: »Wenn man heutzutage im Dienst des Fürsten alle Gerechtigkeit erfüllt, so halten es die Leute für Schmeichelei.«

Der Meister sprach: »Die Anmaßung der Vasallen und die Nichtachtung des Fürsten ist heutzutage so schlimm, daß, wenn man nicht in den allgemeinen Ton einstimmt, sondern dem Fürsten mit der Ehrerbietung begegnet, die ihm gebührt, man das allgemeine Mißtrauen auf sich zieht, als erstrebe man durch Kriecherei geheime Sondervorteile.«

19. Fürst und Beamte

Fürst Ding fragte, wie ein Fürst seine Beamten behandeln und wie die Beamten ihrem Fürsten dienen sollen. Meister Kung entgegnete und sprach: »Der Fürst behandle den Beamten, wie es die Sitte verlangt, der Beamte diene dem Fürsten, wie es sein Gewissen verlangt.«

Der Fürst Ding von Lu fragte den Meister Kung, wie sich die gegenseitigen Pflichten des Fürsten und seiner Beamten zueinander verhalten. Meister Kung sprach: »Die Hauptaufgabe bei der Regulierung des Verhältnisses fällt dem Fürsten zu. Er muß sich in dem Umgang mit seinen Beamten an die festen Regeln der Ressorts halten unter Fernhaltung aller persönlichen Nebenbeziehungen. Auf diese Weise wird er es erreichen, daß seine Beamten von niedriger Spekulation auf seine persönlichen Schwächen sich frei machen und sachliche Gewissenhaftigkeit den Dienst beherrscht.«

20. Maß im Ausdruck der Empfindung

Der Meister sprach: »Das Guan-Dsü-Lied ist fröhlich, ohne ausgelassen zu sein, ist sehnsuchtsvoll, ohne das Herz zu verwunden.«

21. Noli tangere

Fürst Ai erkundigte sich bei Dsai Wo über [die alten Bräuche in betreff des] Erdaltars. Dsai Wo erwiderte und sprach: »Die Herrscher aus dem Hause Hia pflanzten Föhren darum, die Leute der Yin-Dynastie Zypressen, die Leute der Dschou-Dynastie aber Zitterpappeln, wohl um die Untertanen zittern zu machen.« Der Meister hörte es und sprach: »Über Taten, die geschehen sind, ist es umsonst zu sprechen. Bei Taten, die ihren Lauf genommen haben, ist es umsonst zu mahnen; wollen wir, was vorüber ist, nicht tadeln.«

22. Verschwendung und Anmaßung als Zeichen beschränkten Charakters

Der Meister sprach: »Guan Dschung war doch im Grunde ein beschränkter Geist.« Jemand sprach: »War Guan Dschung zu einfach?« [Der Meister] sprach: »Guan hat sich den prächtigen San-Gui-Palast gebaut, und für jede einzelne Verrichtung hatte er einen besonderen Angestellten. Wie kann man da behaupten, daß er einfach war?« »Aber dann verstand sich Guan Dschung wohl besonders gut auf die Etikette?« [Der Meister] sprach: »Die Landesfürsten haben das Vorrecht, eine Schutzwand vor ihrem Palasttor zu errichten. Guan hatte dieselbe Schutzwand vor seinem Tor. Die Landesfürsten pflegen bei ihren Zusammenkünften besondere Kredenztische zu benutzen, Guan benutzte ebenfalls einen solchen Kredenztisch. Wenn Guan sich auf die Etikette verstand, wer versteht sich dann nicht auf Etikette?«

Der Meister sagte von dem Staatsmann Guan Dschung, der eine Generation zuvor dem Fürsten Huan von Tsi (dem Militärstaat nördlich von Lu) die Hegemonie in China verschafft hatte und dessen Verdienste er im übrigen voll anerkannte (vgl. Buch XIV, 17. 18), daß er trotz seiner staatsmännischen Erfolge in seiner Politik keine großen Gesichtspunkte gehabt habe, weshalb er auch nur die Hegemonie des Staates Tsi durchzusetzen vermochte, ohne die gesamten öffentlichen Zustände in China in Ordnung zu bringen.

Daß diese Beschränktheit ein Mangel an Genialität war und nicht etwa bewußter Verzicht auf zu großartige Projekte infolge weiser Selbstbeschränkung auf das Nächste, geht aus der verschwenderischen Pracht hervor, die er in seinem Privatleben zeigte, wo von keiner Selbsteinschränkung die Rede war. Ebensowenig kann man als den Grund für seine Beschränkung auf das Allernächste die Erwägung bezeichnen, daß er unter Berücksichtigung der Etikette dem nominell regierenden König der Dschou-Dynastie nicht zu nahe treten wollte; denn in seinem Privatleben ließ er sich verschiedene Anmaßungen königlicher Vorrechte im Gesellschaftsverkehr zuschulden kommen.

23. Der rechte Vortrag der Musik

Der Meister redete mit dem Musikmeister von Lu über Musik und sprach: »Man kann wissen, wie ein Musikstück ausgeführt werden muß. Beim Beginn muß es zusammenklingen. Bei der

Durchführung müssen in harmonischer Weise die einzelnen Themen herausgehoben werden in fließendem Zusammenhang bis zum Ende.«

24. Der Grenzwart

Der Grenzwart von I bat [beim Meister] eingeführt zu werden, [indem] er sprach: »Wenn ein großer Mann hier durchkommt, wurde es mir noch nie versagt, ihn zu sehen.« Darauf wurde er eingeführt. Als er herauskam, sprach er: »Meine Freunde, was seid ihr traurig, als wäre alles aus? Die Welt war lange ohne Wort Gottes; nun gebraucht der Himmel euren Meister als Glocke.«

25. Klangschönheit und Formvollendung in der Musik

Der Meister sprach von der Schau-Musik: »Sie erreicht die höchste Klangschönheit und ist auch in ihrem technischen Aufbau vollkommen.« Von der Wu-Musik sagte er: »Sie steht an Klangschönheit ebenso hoch, aber ist in ihrer Form nicht so vollkommen.«

26. Die rechte Gesinnung das Wichtigste

Der Meister sprach: »Hervorragende Stellung ohne Großartigkeit, Religionsübung ohne Ehrfurcht, Erledigung der Beerdigungsbräuche ohne Herzenstrauer: solche Zustände kann ich nicht mit ansehen.«

BUCH IV
LI JEN

Das vierte Buch handelt in seinen ersten Abschnitten von einem der wichtigsten Begriffe der konfuzianischen Lehre, dem »jen«. Der Begriff hängt zusammen mit dem Begriff »jen« = »Mensch«, ja der Begriff »Mensch« wird in dem Werk »Dschung Yung« direkt zur Erklärung herangezogen. Auf die Verwandtschaft der Begriffe deutet ferner die häufige Verwechslung der Zeichen gerade in Lun Yü. Gewöhnlich wird das Wort übersetzt mit »Menschlichkeit«, »Humanität«, »Wohlwollen«, »Vollkommenheit«. Es sind das alles Übersetzungen, die möglich sind nach vorausgegangener Definition. »Menschlichkeit« hat aber eine etwas andre Klangfarbe, ebenso »Humanität«; deshalb haben wir, um einen möglichst umfassenden Begriff zu erhalten, der sich gleichzeitig in adjektivischer und substantivischer Form brauchen läßt, den Ausdruck »sittlich«, »Sittlichkeit« gewählt. Es liegt darin das »sozial Bedingte, das mit der weiteren Entwicklung sich erweitert zum Ideal der gerecht-liebevollen Behandlung der Nebenmenschen im Sinn der möglichsten Förderung der Menschheit im eigenen und fremden Ich« (vgl. Eisler, Wörterbuch der philosophischen Begriffe, Berlin 1904, II, S. 371). Diese Definition deckt sich genau mit dem chinesischen Begriff.

1. Gute Nachbarschaft

Der Meister sprach: »Gute Menschen machen die Schönheit eines Platzes aus. Wer die Wahl hat und nicht unter guten Menschen wohnen bleibt, wie kann der wirklich weise [genannt] werden?«

2. Seelenfrieden

Der Meister sprach: »Ohne Sittlichkeit kann man nicht dauernde Bedrängnis ertragen, noch kann man langen Wohlstand ertragen. Der Sittliche findet in der Sittlichkeit Frieden, der Weise achtet die Sittlichkeit für Gewinn.«

Das wahre Glück des Menschen besteht nicht in dem, was ihm von der Außenwelt geboten wird, sondern ganz allein in der inneren freien Übereinstimmung mit dem Sittengesetz. Diese Übereinstimmung gibt den wahren Seelenfrieden, darum ist es wahre Weisheit, nach dieser Seelenverfassung zu trachten. Ohne diesen inneren Halt ist es gar nicht möglich, sich in der Außenwelt zurechtzufinden; man ist dem ziellosen Spiel äußerer Zufälle wie Glück und Unglück preisgegeben und hält es in keiner Lage lange aus.

3. Die Kunst des Liebens und Hassens

Der Meister sprach: »Nur der Sittliche kann lieben und hassen.«

Nur das sittliche Vernunftgesetz ist auch imstande, den Zu- und Abneigungen eine vernünftige, über die zufällige persönliche Anziehung und Abstoßung erhabene Richtung zu geben, indem ein sittlicher Charakter die Menschen liebt und haßt wie sich selbst: das heißt, das Gute an ihnen liebt und das Böse an ihnen haßt.

4. Ein guter Wille überwindet das Böse

Der Meister sprach: »Wenn der Wille auf die Sittlichkeit gerichtet ist, so gibt es kein Böses.«

Das Böse läßt sich nicht beseitigen durch Kampf und Reue, sondern allein durch die positive Zuwendung des Willens zu dem höchsten Ideal des Vernunftgesetzes. Durch dieses positive Vorwärtsstreben wird allmählich das Nichtgute und Unvollkommene ganz von selbst überwunden.

5. Das Ideal und das Leben

Der Meister sprach: »Reichtum und Ehre sind es, was die Menschen wünschen; aber wenn sie einem unverdient zuteil werden, so soll man sie nicht festhalten. Armut und Niedrigkeit sind es, was die Menschen hassen; aber wenn sie einem unverdient zuteil werden, so soll man sie nicht loszuwerden suchen. Ein Edler, der von der Sittlichkeit läßt, entspricht nicht dem Begriff (des Edlen). Der Edle übertritt nicht während der Dauer einer Mahlzeit die [Gesetze der] Sittlichkeit. In Drang und Hitze bleibt er unentwegt dabei, in Sturm und Gefahr bleibt er unentwegt dabei.«

Das Bedürfnis nach Glück und die Furcht vor Unglück sind natürliche Eigenschaften, die jeder Mensch hat. Aber man soll sich in seinem Verhalten im Glück und Unglück nicht durch diese niedermenschlichen eudämonistischen Erwägungen bestimmen lassen. Unverdientes Glück gewaltsam festzuhalten oder unverdientes Unglück gewaltsam beseitigen zu wollen, ist vom höheren Standpunkt aus nicht der Mühe wert, weil beides für die sittliche Würde eines Menschen vollständig gleichgültig ist. Was aber der sittliche Mensch nicht verlieren darf, ohne daß er dem Wesen dieses Begriffs widersprechen würde, das ist die vollkommene Übereinstimmung des Willens mit dem Ideal. Diese Übereinstimmung des Willens ist überzeitlich. Sie wird nicht beeinflußt durch die äußeren Lebensbetätigungen oder die psychologischen Stimmungen. Sie steht hoch über diesem wirren Getriebe der Gedanken.

6. Pflicht und Neigung

Der Meister sprach: »Ich habe noch niemand gesehen, der das Sittliche liebt und das Unsittliche hasst. Wer das Sittliche liebt, dem geht nichts darüber. Wer das Unsittliche hasst, dessen Sittlichkeit ist so stark, daß nichts Unsittliches seiner Person sich nahen kann. Wenn einer einen Tag lang seine ganze Kraft an das Sittliche setzen will: ich habe noch keinen gesehen, dessen Kraft dazu nicht ausreichte. Vielleicht gibt es auch solche, aber ich habe noch keinen gesehen.«

Es gibt wenige oder keine Menschen, deren natürliche Neigung mit den sittlichen Forderungen der praktischen Vernunft übereinstimmte. Diese Übereinstimmung würde bedeuten, daß die sittlichen Forderungen die einzige Triebfeder des Handelns wären und daß die Kraft dieser Sittlichkeit so stark wäre, daß unsittliches Handeln auch als bloße Möglichkeit ausgeschlossen wäre. Dennoch ist die Übereinstimmung des Willens mit dem Ideal keine Unmöglichkeit, denn es gibt erfahrungsgemäß keinen Menschen, dessen Wille nicht stark genug wäre, wenigstens einen Tag lang dem Ideal treu zu bleiben. (Falls es Menschen von dieser untermoralischen Stufe geben sollte, so können sie jedenfalls außer Betracht bleiben.) Was aber empirisch möglich ist für die Zeit eines Tages, das muß prinzipiell überhaupt möglich sein: den moralischen Willen zur einzigen Triebfeder zu machen.

7. Psychologie der Verfehlungen

Der Meister sprach: »Die Überschreitungen eines jeden Menschen entsprechen seiner Wesensart. Dadurch, daß man seine Überschreitungen sieht, kann man einen Menschen erkennen.«

Auch die Abweichungen von der Norm entsprechen der Wesensart eines Menschen. Einen (guten) Menschen erkennt man auch noch aus den Überschreitungen, die er sich unbewußt zuschulden kommen läßt.

8. Das Beste in der Welt

Der Meister sprach: »In der Frühe die Wahrheit vernehmen und des Abends sterben: das ist nicht schlimm.«

Andere Übersetzung: »Wenn ich eines Morgens vernähme, daß die Welt in Ordnung sei, würde ich ohne Bedauern am selben Abend zum Sterben bereit sein.«

9. Falsche Scham

Der Meister sprach: »Der Gebildete richtet sein Streben auf die Wahrheit; wenn einer aber sich schlechter Kleider und schlechter Nahrung schämt, der ist noch nicht reif, um mitzureden.«

Bei der Ausbildung der Persönlichkeit muß der Wille auf ewige Wahrheiten gerichtet sein. Wer noch von der gemeinen Not des Lebens gebändigt wird, ist noch nicht fähig, in jenen Dingen mitzureden.

10. Sine ira et studio

Der Meister sprach: »Der Edle hat für nichts auf der Welt eine unbedingte Voreingenommenheit oder eine unbedingte Abneigung. Das Rechte allein ist es, auf dessen Seite er steht«

11. Edles und gemeines Streben

Der Meister sprach: »Der Edle liebt den inneren Wert, der Gemeine liebt das Irdische; der Edle liebt das Gesetz, der Gemeine sucht die Gunst.«

Eine andere Übersetzungsmöglichkeit ist:
   Steht der Sinn des Fürsten auf inneren Wert, so steht der Sinn des niederen Volks auf sein Land; steht der Sinn des Fürsten auf Strafen, so steht der Sinn des niederen Volks auf Gunst.

12. Nachteil der Selbstsucht

Der Meister sprach: »Wer bei seinen Handlungen immer auf Vorteil aus ist, zieht sich viel Groll zu.«

Vgl. »Wer sein Leben gewinnt, der wird es verlieren.«

13. Wesen und Schein

Der Meister sprach: »Wer durch Ausübung der Moral seinen Staat regiert, was [für Schwierigkeiten] könnte der haben? Wer aber nicht durch Ausübung der Moral den Staat regiert, was nützt dem die Moral?«

Die Fürsten des Altertums haben die Beziehungen der Menschen untereinander in feste moralische Formen gebracht, um vermöge dieser Formen das soziale Zusammenleben der Menschen im Staate zu ordnen. Das Wesen dieser Formen besteht jedoch in der richtigen nachgiebigen und ehrerbietigen Gesinnung. Ein Fürst, der diese Gesinnung hat und jeden seiner Beamten auf seinem Platze würdigt und seine Leistung anerkennt, der wird in den vom Altertum überkommenen Formen einen so starken Halt finden, daß ihm die Durchführung der staatlichen Ordnung ganz leicht fallen wird. Wenn aber ein Fürst ohne das Wesen der rechten Gesinnung nur den Schein äußerer Formen benutzen will, um sein Reich in Ordnung zu bringen, der wird an der inneren Unwahrhaftigkeit seines Beginnens notwendig scheitern, aber er darf sich nicht über die Unwirksamkeit der moralischen Formen beklagen, denn er hat sich mit seinem ganzen Unternehmen auf ein Gebiet begeben, mit dem er nichts zu schaffen hat.

14. In deiner Brust sind deines Schicksals Sterne

Der Meister sprach: »Nicht das soll einen bekümmern, daß man kein Amt hat, sondern das muß einen bekümmern, daß man dafür tauglich werde. Nicht das soll einen bekümmern, daß man nicht bekannt ist, sondern danach muß man trachten, daß man würdig werde, bekannt zu werden.«

Vgl. Buch I, 1 und 16.

15. Die Summe der Lehre

Der Meister sprach: »Nicht wahr, Schen, meine ganze Lehre ist in Einem befaßt.« Meister Dsong sprach: »Ja.« Als der Meister hinaus war, fragten seine Schüler und sprachen: »Was bedeutet das?« Meister Dsong sprach: »Unsres Meisters Lehre ist Treue gegen sich selbst und Gütigkeit gegen andre: darin ist alles befaßt.«

16. Wes das Herz voll ist

Der Meister sprach: »Der Edle ist bewandert in der Pflicht, der Gemeine ist bewandert im Gewinn.«

Vgl. Abschn. 11.

17. Anziehendes und warnendes Beispiel

Der Meister sprach: »Wenn du einen Würdigen siehst, so denke darauf, ihm gleich zu werden. Wenn du einen Unwürdigen siehst, so prüfe dich selbst in deinem Innern.«

Vgl. Buch I, 4; Buch VII, 21.

18. Kindespflicht I: Vorhalte

Der Meister sprach: »Den Eltern dienend darf man ihnen in zarter Weise Vorstellungen machen. Wenn man aber sieht, daß sie nicht gewillt sind, darauf zu hören, so soll man fortfahren, ehrerbietig sich zu fügen, und auch die schwersten Anstrengungen ohne Murren tragen.«

19. Kindespflicht II: Reisen

Der Meister sprach: »Solange die Eltern leben, soll man nicht in die Ferne ziehen. Und wenn man nach auswärts geht, so soll man einen bestimmten Wohnort wählen«.

Zu Lebzeiten der Eltern soll man sich immer zu ihrer Verfügung halten und deshalb keine so weiten Reisen unternehmen, daß man nicht auf ihren Wunsch sofort zur Stelle sein kann. Ebenso soll man seine Eltern immer genau über seinen Aufenthaltsort auf dem laufenden erhalten, damit sie einen jederzeit, wenn sie es wünschen, rufen lassen können.

20. Kindespflicht III: Pietät

Der Meister sprach: »Wer drei Jahre lang nicht abweicht von seines Vaters Wegen, kann kindesliebend genannt werden.«

Vgl. Buch I. 11.

21. Kindespflicht IV: Alter der Eltern

Der Meister sprach: »Die Jahre der Eltern darf man nie vergessen: erstens, um sich darüber zu freuen, zweitens, um sich darüber zu sorgen.«

Ein pietätvoller Sohn muß das Alter seiner Eltern immer im Sinne haben, um sich darüber freuen zu können, daß sie so lange leben, und um mit verdoppelter Sorge ihrer Altersschwäche zur Hilfe zu kommen.

22. Vom Schweigen

Der Meister sprach: »Die Alten sparten ihre Worte; denn sie schämten sich, mit ihrem Betragen hinter ihren Worten zurückzubleiben.«

Vgl. Buch II, 13.

23. Segen der Beschränkung

Der Meister sprach: »Die durch Beschränkung verloren haben, sind selten.«

Die Unannehmlichkeiten, welche die Beschränkung notwendig mit sich bringt, werden dadurch aufgewogen, daß durch die Beschränkung eine

Konzentration der Kräfte hervorgerufen wird, die so stark wirkt, daß man in der Regel imstande sein wird, die Absichten, die man hegt, zur Ausführung zu bringen.

24. Langsam zum Reden

Der Meister sprach: »Der Edle liebt es, langsam im Wort und rasch im Tun zu sein.«

25. Geistesgemeinschaft

Der Meister sprach: »Innerer Wert bleibt nicht verlassen; er findet sicher Nachbarschaft.«

26. Wider die Aufdringlichkeit

Dsï Yu sprach: »Im Dienst des Fürsten bringen lästige Vorwürfe Ungnade. Zwischen Freunden führen lästige Vorwürfe zu Entfremdung.«

BUCH V
GUNG YE TSCHANG

Dieses Buch enthält hauptsächlich gelegentliche Bemerkungen Kungs über Leute seiner Bekanntschaft und aus der Geschichte. Es ist sehr interessant, weil es den Meister im Kreis der Seinen ungezwungen über dies und jenes redend zeigt, während er doch bei allem, was er sagt und tut, die höchsten Prinzipien im Hintergrund hat, von denen ein Licht auch auf scheinbar Nebensächliches und Gleichgültiges ausstrahlt. Ähnlich wie Goethe in seinen Gesprächen mit Eckermann, plaudert der chinesische Weise über diesen und jenen Menschen und gewährt dabei zugleich manchen Einblick in tiefere ethische Zusammenhänge des Lebens überhaupt.

Die Art dieser leichteren Konversation macht die Doppelübersetzung für die meisten Abschnitte überflüssig.

1. Verheiratungen

Der Meister sagte von Gung Ye Tschang: »Man kann ihm eine Frau zur Ehe geben; obwohl er in Banden liegt, ist es doch nicht seine Schuld.« So gab er ihm seine Tochter zur Frau. Der Meister sagte von Nan Yung: »Wenn das Land wohl geleitet ist, so wird er nicht beiseite gesetzt werden. Wenn das Land schlecht geleitet ist, so wird er wenigstens Bestrafung und Hinrichtung zu vermeiden wissen.« Und so gab er ihm die Tochter seines älteren Bruders zur Frau.

2. Bildender Umgang

Der Meister sagte von Dsï Dsiän: »Ein Edler in der Tat ist dieser Mann! Wenn es in Lu keine Edlen gäbe, wie hätte dieser dieses erreicht?«

Der Meister sagte von Dsï Dsiän, einem Schüler: Dieser Mann hat wirklich einen hohen Grad von Bildung. Das ist zugleich ein Beweis, daß es im Staate Lu noch Leute von feinerer Bildung gibt; denn ohne intimen Verkehr mit solchen Leuten hätte er nicht diese Stufe erreichen können.«

3. Bestrafte Eitelkeit

Dsï Gung fragte und sprach: »Und wem ist Sï gleich?« Der Meister sprach: »Du? Du bist ein Gerät.« Er sprach: »Was für ein Gerät?« Er sprach: »Eine geschliffene Opferschale.«

Dsï Gung wollte die Gelegenheit wieder benutzen, um auch ein Lob für sich zu ernten (vgl. I, 15), und fragte, welche Stufe er erreicht habe. Der Meister erwiderte ihm lächelnd: »Du bist noch nicht so weit, um als selbständige Persönlichkeit in Betracht zu kommen, du kannst nur etwas leisten, wenn du von andern verwandt wirst (vgl. II, 12).« »Und wozu kann ich verwandt werden?« fragte der Schüler. »Zu großen Feierlichkeiten und Opferfesten; denn an guten Formen fehlt es dir nicht«, antwortete begütigend der Meister.

4. Güte und Redegewandtheit

Es sprach jemand: »Yung ist sittlich, aber nicht redegewandt.« Der Meister sprach: »Wozu braucht's Redegewandtheit? Wer den Leuten immer mit seiner Zungenfertigkeit entgegentritt, zieht sich stets nur Abneigung von den Menschen zu. Ob er sittlich ist, weiß ich nicht, aber wozu braucht's der Redegewandtheit?«

Es sagte jemand von dem Schüler Jan Yung (genannt Dschung Gung, der einen schlimmen Vater hatte, aber selbst ganz anders war als jener, nämlich gutmütig und ungewandt (vgl. VI, 4): »Er ist ein guter Kerl, aber er hat keine Gewandtheit im Reden.« Der Meister erwiderte ärgerlich: »Was fange ich mit eurer Redegewandtheit an? Wer den Leuten immer mit seiner Zungenfertigkeit widerspricht, der erreicht es nur, daß er sich allgemein mißliebig macht. Ob er wirklich als guter Charakter bezeichnet werden kann, das will ich nicht entscheiden, aber daß Zungenfertigkeit nichts mit Güte des Charakters zu tun hat, das ist ganz sicher.«

5. Vorsicht bei Übernahme eines Amtes

Der Meister wollte dem Tsi-Diau Kai ein Amt übertragen. Er erwiderte und sprach: »Ich kann dies hier noch nicht glauben.« Der Meister war erfreut.

Der Meister wollte dem Schüler Tsi-Diau Kai, der gute Fähigkeiten hatte, ein seinen Fähigkeiten entsprechendes Amt übertragen. Der Schüler aber erwiderte: »Ich fühle mich dazu noch nicht reif, da ich in betreff der Regierungsprinzipien mit mir noch nicht im klaren bin. Ich möchte mich aber nicht auf die Praxis einlassen, ehe ich einen festen theoretischen Standpunkt in diesen Fragen mir erworben habe.« Der Meister freute sich über diese klare und großzügige Gesinnung.

6. Das Floß der Wahrheit

Der Meister sprach: »Die Wahrheit hat keinen Erfolg. Ich muß wohl ein Floß besteigen und über die See fahren. Wenn mich einer dabei begleitet, so ist es wohl Yu.« Dsï Lu hörte es und freute sich. Der Meister sprach: »Yu ist wohl mutiger als ich, aber es fehlt ihm die Überlegung, um das Material für das Floß zu beschaffen.«

7. Verschiedene Brauchbarkeit

Der Freiherr Mong Wu fragte, ob Dsï Lu sittlich vollkommen sei. Der Meister sprach: »Ich weiß es nicht.« Noch weiter befragt, antwortete der Meister: »Man kann den Yu brauchen zur Leitung des Militärwesens selbst in einem Staate mit 1000 Kriegswagen. Aber ob er sittlich vollkommen ist, das weiß ich nicht.« »Und wie steht es mit Kiu?« Der Meister sprach: »Kiu? In einem Bezirk von 1000 Familien oder einem Haus mit 100 Kriegswagen kann man ihn zur Leitung der inneren Angelegenheiten brauchen. Aber ob er sittlich vollkommen ist, weiß ich nicht.« »Und wie steht es mit Tschï?« Der Meister sprach: »Tschï ist brauchbar, mit dem Gürtel gegürtet bei Hofe stehend den Verkehr mit Besuchern und Gästen zu führen. Aber ob er sittlich vollkommen ist, weiß ich nicht.«

8. Erziehung zur Bescheidenheit

Der Meister sagte zu Dsï Gung: »Du oder Hui, wer von euch beiden ist weiter?« Er erwiderte: »Wie könnte ich wagen, auf

Hui zu blicken! Hui, wenn der Eines hört, so weiß er zehn. Wenn ich Eines höre, so weiß ich zwei.« Der Meister sprach: »Du kommst ihm nicht gleich. Ich und du, wir sind ihm darin nicht gleich.«

9. Tadel

Dsai Yü verweilte am hellen Tage in seinem Schlafzimmer. Der Meister sprach: »Faules Holz kann man nicht schnitzen. Eine Wand aus schlechtem Lehm läßt sich nicht streichen. Dieser Yü da! Was soll man ihm überhaupt noch Vorwürfe machen!« Der Meister sprach: »Früher stand ich so zu den Menschen: Wenn ich ihre Worte hörte, so glaubte ich an ihre Taten. Jetzt stehe ich so zu den Menschen: Ich höre ihre Worte, und dann sehe ich nach ihren Taten. Durch Yü kam ich dazu, diese Änderung vorzunehmen.«

10. Stärke und Sinnlichkeit

Der Meister sprach: »Ich habe noch keinen Menschen von wirklicher Charakterstärke gesehen.« Es erwiderte jemand: »Schen Tschang.« Der Meister sprach: »Tschang ist der Sinnlichkeit unterworfen. Wie könnte er stark sein?«

11. Ideal und Wirklichkeit

Dsï Gung sprach: »Was ich nicht mag, daß die Leute mir zufügen, das mag ich auch ihnen nicht zufügen.« Der Meister sprach: »Mein Sï, diese Stufe hast du noch nicht errreicht.«

12. Exoterisches und Esoterisches

Dsï Gung sprach: »Des Meisters Reden über Kultur und Kunst kann man zu hören bekommen. Aber die Worte des Meisters über Natur und Weltordnung kann man nicht (leicht) zu hören bekommen.«

13. Gründlichkeit

Wenn Dsï Lu eine Lehre vernommen, die er noch nicht auszuführen vermochte, so fürchtete er sich nur davor, noch andre Lehren zu vernehmen.

14. Bescheidenheit beim Erwerben von Kenntnissen

Dsï Gung fragte und sprach: »Weshalb ist Kung Wen Dsï der ›Weise‹ (Wen) genannt worden?« Der Meister sprach: »Er war rasch [von Begriff] und liebte zu lernen; er schämte sich nicht, Niedrige zu fragen; das ist der Grund, warum er der ›Weise‹ genannt wird.«

Der Schüler Dsï Gung fragte, warum der Minister Kung vom Staate We, von dessen Taten nicht durchaus Günstiges zu berichten war, dennoch den Ehrentitel »der Weise«, der ihm bei seinem Tode verliehen wurde, verdient habe. Der Meister sprach: »Er vereinigte geniale Auffassungsgabe und wissenschaftliches Interesse. Dieses Interesse gab ihm eine gewisse Größe der Gesinnung, die ihn Standesunterschiede übersehen ließ, wo ihm die Möglichkeit der Erweiterung seiner Kenntnisse geboten war. Mag er im übrigen gewesen sein, wie er will, diese Eigenschaft genügte, um ihn des Titels ›der Weise‹ würdig zu machen.«

15. Hervorragende Charakterseiten

Der Meister sagte von Dsï Tschan, daß er vier Eigenschaften eines Edlen gehabt habe: In seinem persönlichen Leben war er ernst, im Dienst des Fürsten war er ehrfurchtsvoll, in der Sorge für die Nahrung des Volks zeigte er Gnade, in der Verwendung des Volks Gerechtigkeit.

16. Verkehr mit Menschen

Der Meister sprach: »Yän Ping Dschung versteht es, mit Menschen umzugehen. Auch nach jahrelangem Verkehr genießt er noch die Hochachtung der Leute.«

17. Die Schildkröte

Der Meister sprach: »Dsang, der ›Weise‹, bewahrte eine Schildkröte in einem Hause, dessen Säulen mit geschnitzten Darstellungen von Bergen und dessen Balken mit Schilfgräsern geziert waren. Was ist denn dabei für eine Weisheit?«

18. Die Sittlichkeit ist schwer zu erkennen

Dsï Dschang fragte und sprach: »Der Kanzler Dsï Wen wurde dreimal in das Amt des Kanzlers (von Tschu) berufen, ohne sich darüber erfreut zu zeigen. Er wurde dreimal abgesetzt, ohne sich darüber mißvergnügt zu zeigen. Außerdem machte er sich zur Pflicht, seinen Nachfolger in das Amt einzuführen. Wie ist er zu beurteilen?« Der Meister sprach: »Er war gewissenhaft.« Auf die Frage, ob er als sittlicher Charakter bezeichnet werden könnte, sagte er: »Ich weiß es nicht, ob er sittlich genannt werden kann.« [Der Schüler fuhr fort:] »Als der General Tsui seinen Herrn, den Fürsten von Tsi, ermordete, da ließ der edle Tschen Wen, obwohl er 10 Viergespanne besaß, seine Habe im Stich und wanderte aus. Er kam in ein anderes Land, da sprach er: ›Hier sind sie geradeso wie unser General Tsui‹, und wanderte aus. Er kam noch in ein Land und sprach abermals: ›Hier sind sie geradeso wie unser General Tsui‹, und wanderte aus. Wie ist er zu beurteilen?« Der Meister sprach: »Er war rein.« Auf die Frage, ob er als sittlicher Charakter bezeichnet werden könne, sagte er: »Ich weiß es nicht, ob er sittlich genannt werden kann.«

19. Überlegungen

Von Gi, dem »Weisen«, hieß es, daß er alles erst dreimal überlege, ehe er sich zum Handeln entschließe. Der Meister hörte davon und sprach: »Wenn er auch nur zweimal sich die Sachen überlegt, so ist es schon gut.«

20. Torheit noch schwerer als Weisheit

Der Meister sprach: »Der Freiherr Ning Wu war weise, solange Ordnung im Lande herrschte. Als Unordnung im Lande aufkam, benahm er sich töricht. In seiner Weisheit können andre ihn erreichen. In seiner Torheit aber ist er unerreichbar.«

21. Sorge für die Nachwelt

Der Meister sprach in Tschen: »Ich muß heim! Ich muß heim! Meine jungen Freunde zu Hause sind enthusiastisch und großartig. Sie sind bewandert in allen Künsten. Aber sie wissen noch nicht sich zu mäßigen.«

22. Vergeben

Der Meister sprach: »Be I und Schu Tsi gedachten nicht alter Fehler, darum blieben sie frei von Groll.«

23. Der entlehnte Essig

Der Meister sprach: »Wer will behaupten, daß We-Schong Gau ehrlich sei? Als einst jemand ihn um Essig bat, da entlehnte er selber erst bei seinem Nachbar, um ihn hergeben zu können.«

24. Ohne Falsch sein

Der Meister sprach: »Glatte Worte, einschmeichelnde Mienen, übertriebene Höflichkeit – solcher Dinge schämte sich Dso Kiu Ming, ich schäme mich ihrer auch. Seinen Ärger verhehlen und mit seinem Feinde freundlich tun – dessen schämte sich Dso Kiu Ming, ich schäme mich dessen auch.«

25. Herzenswünsche

Yän Yüan (Yän Hui) und Gi Lu (Dsï Lu) standen zu des Meisters Seite, da sprach er: »Nun sage mir einmal jeder seine Herzenswünsche.« Dsï Lu begann: »Ich möchte Pferd und Wagen und leichtes, kostbares Pelzwerk zum Anziehen. Ich wollte es mit meinen Freunden gemeinsam benützen, und wenn sie es mir verdürben, so wollte ich nicht böse werden.« Yän Yüan sprach: »Ich möchte mich nicht meines Guten rühmen und möchte nicht andere für mich bemühen.« – Darauf sprach Dsï Lu: »Nun möchten wir auch gern des Meisters Wünsche hören.« Der Meister sprach: »Den Alten möchte ich Frieden geben, mit Freunden möchte ich in Treuen verkehren, die Kleinen möchte ich herzen.«

26. Selbstanklage ist selten

Der Meister sprach: »Es ist alles aus! Ich habe noch keinen gesehen, der seine eignen Fehler sehen und innerlich sich selbst verklagen könnte.«

27. Bescheidenheit des Meisters

Der Meister sprach: »In einem Dorf von zehn Familien gibt es sicher Leute, die an Gewissenhaftigkeit und Wahrhaftigkeit mir gleich sind; warum sollten sie nicht auch in der Liebe zum Lernen mir gleich sein?«

BUCH VI
YUNG JA

Der Inhalt dieses Buches ist dem des fünften verwandt. Es zeigt ebenfalls den Meister hauptsächlich im Verkehr mit seinen Jüngern. Es ist daher ebenso wie das letzte wertvoll, um das Milieu kennenzulernen, in dem sich der chinesische Weise bewegt hat, sowie die Schwierigkeiten, mit denen er im Kreis seiner Schule zu kämpfen hatte, und die Erfolge, die er erzielt hat. Der Schluß erhebt sich dann wieder zu weiteren, prinzipiellen Ausblicken.

1. Fürstentugend

Der Meister sprach: »Yung, den kann man brauchen, um mit südlich gewandtem Gesicht (einen Staat zu beherrschen).« Dschung Gung fragte in betreff von Dsï Sang Be Dsï. Der Meister sprach: »Er geht; er ist großartig.« Dschung Gung sprach: »In seiner Gesinnung sorgfältig sein und in seiner Handlungsweise großartig beim Verkehr mit seinem Volk, das mag wohl gehen. Aber in seiner Gesinnung großartig sein und in seiner Handlungsweise großartig sein: ist das nicht zuviel Großartigkeit?« Der Meister sprach: »Yungs Worte sind richtig.«

Der Meister erwähnte einst, daß der Jünger Jan Yung imstande wäre, als Fürst einen Staat zu regieren. Der betreffende Jünger, der sich offenbar durch die Andeutung geschmeichelt fühlte, fragte im Anschluß daran, wie sich sein Freund, (der sonst unbekannte) Dsï Sang Be Dsï, zum Fürsten eigne. Der Meister erwiderte, dieser habe zum mindesten eine fürstliche Tugend, daß er nicht kleinlich sei, sondern etwas Freies, Großzügiges in seinem Wesen habe. Der Jünger knüpfte daran eine theoretische Erörterung, offenbar halb im Vorgefühl seiner neuen Würde: daß die Großartigkeit der äußeren Handlungsweise im Verkehr mit den Untertanen sehr löblich sei, wenn eine gewissenhafte Sorgfalt die Grundlage der Gesinnung bilde. Wenn dagegen Gesinnung und Handlungsweise aufs Großartige gerichtet seien, dann führe die Großartigkeit zu weit. Der Meister billigte liebevoll auch diesen Ausspruch.

2. Zeichen des Bildungsstrebens

Der Fürst Ai fragte, wer unter den Jüngern das Lernen liebe. Meister Kung entgegnete und sprach: »Da war Yän Hui: er liebte das Lernen. Er übertrug nie seinen Ärger, er machte keinen Fehler zum zweitenmal. Zum Unglück war seine Zeit kurz und er ist gestorben. Nun habe ich keinen mehr (wie ihn). Ich habe von keinem mehr gehört, der so das Lernen liebte.«

Der Fürst Ai vom Staate Lu fragte einst, welcher von den Jüngern am meisten nach Ausbildung der Persönlichkeit strebe. Meister Kung erwiderte: »Ich hatte nur einen Schüler, der wirklich ein allumfassendes Interesse an seiner Ausbildung hatte: Yän Hui. Er hatte es so weit gebracht, daß er nie einen andern eine üble Laune fühlen ließ und daß er vor Wiederholung eines einmal erkannten Fehlers sicher war. Unglücklicherweise war ihm kein langes Leben beschieden. Seit er gestorben ist, habe ich noch keinen andern unter meinen Jüngern gefunden, der wirklich ein selbständiges Interesse an seiner Bildung hätte.«

3. Besoldungsfragen

Dsï Hua hatte einen Auftrag in Tsi zu besorgen. Meister Jan bat für dessen Mutter um Getreide. Der Meister sprach: »Gib ihr ein Fu.« Er bat um mehr. Da sprach er: »Gib ihr ein Yü.« Meister Jan gab ihr fünf Bing. Der Meister sprach: »Als Tschï nach Tsi aufbrach, hatte er ein Gespann von fetten Pferden und war gekleidet in leichtes Pelzwerk. Ich habe gehört: der Edle hilft dem Bedürftigen, aber fügt nicht dem Reichen noch mehr zu.«

Yüan Sï ward angestellt als Stadthauptmann. (Der Meister) gab ihm 900 Maß Getreide. Er lehnte ab. Der Meister sprach: »Nicht also! Du magst sie ja verwenden, um sie in deiner Nachbarschaft und Umgebung zu verteilen.«

Zur Zeit als Kung in seinem Heimatstaat Lu als Justizminister war, wurde der Schüler Dsï Hua nach dem Nachbarstaate Tsi gesandt, um einen Auftrag zu erledigen. Sein Mitschüler Jan ergriff die Gelegenheit, den Meister um Getreide für die in Lu zurückbleibende Mutter des Abgereisten zu bitten. Der Meister sprach: »Gib ihr 6 ½ Scheffel.« Das schien dem Schüler Jan Dsï zu wenig, und er verlangte mehr; da bewilligte der Meister 16 Scheffel. Der Schüler Jan Dsï wollte nun von sich aus den Meister korrigieren und ließ der Mutter auf eigne Verantwortung 800 Scheffel aus den staatlichen Getreidespeichern geben. Hatte der Meister schon eine ganz ausgesprochene Absicht gehabt, indem er die bewilligten Getreidebeträge so niedrig bemessen hatte, so konnte er diese eigenwillige Ignorierung seiner Intentionen nicht ungerügt hingehen lassen. Er sprach:

»Der Schüler Dsï Hua hat bei seiner Abreise nach Tsi in seinem Gefährt sowohl als in seiner Kleidung einen auffallenden Luxus zur Schau getragen, so daß eine außerordentliche Bewilligung einer Reiseentschädigung durchaus unangebracht ist; denn soviel ich weiß, ist es wohl Pflicht eines anständigen Menschen, Bedürftige zu unterstützen, nicht aber den Luxus der Reichen noch zu mehren.«

Daß dabei keine Knickerigkeit des Meisters im Spiel war, beweist die andre Geschichte, wohl ebenfalls aus der Zeit der öffentlichen Wirksamkeit des Meisters. Er hatte den Schüler Yüan Sï zum Stadthauptmann in seiner Heimatstadt gemacht und ihm das ordnungsmäßige Gehalt von 900 Maß Getreide bewilligt. Als der Schüler ablehnen wollte, daß er Bezahlung erhalte, nahm der Meister diese Ablehnung nicht an, mit dem Hinweis, daß, wenn er das Getreide nicht für seinen eignen Bedarf nötig habe, er es zu wohltätigen Zwecken in seiner Umgebung verwenden könne.

4. Individueller Wert

Der Meister redete von Dschung Gung und sprach: »Wenn das Junge einer fleckigen Kuh rot und wohlgehörnt ist, ob einer auch es nicht zu brauchen wünscht, sollten es darum die Berge und Flüsse verschmähen?«

Der Meister gebrauchte mit Beziehung auf den Jünger Dschung Gung, der, weil er einen schlechten Vater hatte, viel Anfechtung zu erdulden hatte, ein Gleichnis und sprach: »Wenn das Junge einer fleckigen Kuh selbst rot und wohlgehörnt ist, so mögen vielleicht die Menschen Bedenken tragen, es als Opfer darzubringen, doch werden die Geister der Berge und Flüsse ein solches Opfer nicht verschmähen.«

5. Nur der Anfang ist schwer

Der Meister sprach: »Mein Hui, wessen Herz drei Monate lang nicht von der Sittlichkeit abweicht, der wird dann in (seinem) übrigen (Leben) (alle) Monate und Tage sie zu erreichen vermögen.«

6. Brauchbarkeit im Staatsdienst

Der Freiherr Gi Kang fragte in Beziehung auf Dschung Yu, ob man ihn im Staatsdienst brauchen könne. Der Meister sprach: »Yu ist entschieden. Im Staatsdienst tätig zu sein: was (für Schwierigkeiten) könnte das für ihn haben?« Er sprach: »Und Sï, kann man den im Staatsdienst brauchen?« Er antwortete: »Sï ist durchdringend. Im Staatsdienst tätig zu sein: was (für Schwierigkeiten) könnte das für ihn haben?« Er sprach: »Kiu, kann man den im Staatsdienst brauchen?« Er antwortete: »Kiu ist geschickt. Im Staatsdienst tätig zu sein: was (für Schwierigkeiten) könnte das für ihn haben?«

Einer der leitenden Staatsmänner des Staates Lu, der bekannte Freiherr Gi Kang, erkundigte sich bei Kung nach dreien seiner Schüler und deren Befähigung für den Staatsdienst. Der Meister sagte von allen dreien, daß sie geistige Qualitäten besitzen, die sie reichlich begabt für staatliche Tätigkeit erscheinen lassen. Der erste, nach dem jener gefragt, der mutige Dsï Lu, sei durch seine energische Entschiedenheit in Erledigung schwieriger Fragen ausgezeichnet, der zweite, Dsï Gung, durch seine überlegene und eindringende Intelligenz, während der dritte, Jan Kiu, durch praktische Begabung hervorrage.

7. Zurückhaltung von Min Dsï Kiän

Der Älteste der Familie Gi wollte Min Dsï Kiän als Stadthauptmann von Bi (Fe) anstellen. Min Dsï Kiän erwiderte (dem Boten): »Lehne es auf höfliche Weise für mich ab. Wenn nochmals einer kommen sollte, um mich zu bitten, so werde ich bis dahin sicher über den Wenfluß sein.«

8. Hartes Los (Be Niu)

Be Niu war krank. Der Meister fragte nach ihm und ergriff durch das Fenster seine Hand und sprach: »Er geht uns verloren. Es ist Fügung. Solch ein Mann und hat solch eine Krankheit! Solch ein Mann und hat solch eine Krankheit!«

Der Schüler Be Niu litt an einer tödlichen ansteckenden Krankheit, infolge deren er niemand zu sich ließ, um Ansteckung zu vermeiden. Der Meister kam, um nach ihm zu fragen, und ergriff durch das Fenster die Hand des Kranken; dann sprach er seufzend: »Wir werden ihn verlieren; wir können nichts machen; denn es ist Gottes Wille. Aber warum gerade solch ein Mann eine solche Krankheit bekommen muß!«

9. Fröhlichkeit in Armut (Yän Hui)

Der Meister sprach: »Hui war doch wirklich ein guter Mensch! Eine Holzschüssel voll Reis, eine Kürbisschale voll Wasser, in einer elenden Gasse. Andre Menschen hätten es in einer so trostlosen Lage gar nicht ausgehalten. Aber Hui ließ sich seine Fröhlichkeit nicht rauben. Hui war doch wirklich ein guter Mensch!«

10. Vorzeitiger Verzicht (Jan Kiu)

Jan Kiu sprach: »Nicht daß ich des Meisters Lehre nicht liebte, aber meine Kraft reicht nicht aus dafür.« Der Meister sprach: »Wem seine Kraft nicht ausreicht, der bleibt auf halbem Wege liegen, aber du beschränkst dich ja von vornherein selber«.

11. Zweck der Wissenschaft (Dsï Hia)

Der Meister sagte zu Dsï Hia und sprach: »Sei du als Edler ein Gelehrter und nicht als Gemeiner ein Gelehrter.«

Der Meister sprach zu dem Jünger Dsï Hia, der besonders durch seine literarische Bildung hervorragte: »Sei du beim Studium auf große Gesichtspunkte bedacht und nicht auf äußere Vorteile, wie sie dem Streber winken.«

12. Wie ein Beamter seine Leute kennenlernt

Dsï Yu war Stadthauptmann in Wu Tschong. Der Meister sprach: »Hast du Menschen gefunden —?« Er sprach: »Da ist Tan-Tai Miä-Ming; der wandelt nie auf Nebenwegen, und wenn es sich nicht um öffentliche Angelegenheiten handelt, ist er noch nie in mein Amtshaus gekommen.«

13. Stolze Bescheidenheit

Der Meister sprach: »Mong Dschï Fan war fern von Prahlerei. Als er (nach einer verlornen Schlacht) auf der Flucht zuhinterst war und im Begriff war ins Stadttor einzureiten, da trieb er sein Pferd an und sprach: ›Es ist nicht mein Mut, daß ich zuhinterst bin; mein Pferd läuft nicht‹«.

14. Was einen Fürsten retten kann

Der Meister sprach: »Wer nicht die Redegabe des Priesters To hat und hat die Schönheit Dschaus von Sung, der wird schwerlich der Welt von heute entgehen.«

Der Meister sprach: »Ein Fürst kann sich durch die Schwierigkeiten der gegenwärtigen Zeitläufte nur retten, wenn er einen Mann zur Seite hat von der Redegabe des Priesters To, nicht dadurch, daß er in seiner Umgebung nur Leute von äußerer Körperschönheit hat, wie sie Prinz Dschau von Sung besaß. Die Welt von heute verlangt Talente in der Umgebung eines Fürsten, nicht äußere Reize«.

15. Das Tor des Lebens

Der Meister sprach: »Wer kann hinausgehen, es sei denn durch die Tür; warum doch wandeln die Menschen nicht auf diesem Pfade?«

16. Das Gleichgewicht zwischen Gehalt und Form

Der Meister sprach: »Bei wem der Gehalt die Form überwiegt, der ist ungeschlacht, bei wem die Form den Gehalt überwiegt, der ist ein Schreiber. Bei wem Form und Gehalt im Gleichgewicht sind, der erst ist ein Edler.«

Das Ideal einer ausgebildeten Persönlichkeit beruht auf einer gleichmäßigen gegenseitigen Durchdringung einer ursprünglichen Stärke des moralischen Wesens und des ästhetischen Geschmacks. Wo Stärke des Wesens vorhanden ist, aber ohne diesen Geschmack, da haftet allen Äußerungen der Persönlichkeit etwas Hartes und Rauhes an. Wo aber der innere Gehalt einer einseitigen ästhetischen Geschmacksbildung aufgeopfert wird, da entsteht der Typus des geckenhaften Literatentums.

17. Aufrichtigkeit als Lebensprinzip

Der Meister sprach: »Der Mensch lebt durch Geradheit. Ohne sie lebt er von glücklichen Zufällen und Ausweichen.«

Das Leben des Menschen beruht auf der ihm von Gott verliehenen Kraft des Geistes. Wer diesem Geiste untreu wird, der muß sein Leben fristen durch glückliche Zufälle und Umgehung der moralischen Weltordnung.

18. *Stufen der intellektuellen Bildung*

Der Meister sprach: »Der Wissende ist noch nicht so weit wie der Forschende, der Forschende ist noch nicht so weit wie der heiter (Erkennende).«

Es gibt drei Grade der intellektuellen Ausbildung. Der unterste Grad besteht in der bloßen Kenntnisnahme des überlieferten Stoffes. Diese Kenntnis kann aber auch äußere Gründe, wie Rücksicht auf Stellung und Gewinn, haben. Darum steht höher als bloßes Wissen das Forschen aus eigenem Interesse an der Sache. Aber dieses Interesse, solange es noch einseitig ist, ist dem Wechsel der Stimmungen unterworfen. Darum steht am höchsten das heitere, innerlich beruhigte Erkennen der Objekte.

19. *Esoterik der Wissenschaft*

Der Meister sprach: »Wer über dem Durchschnitt steht, dem kann man die höchsten Dinge sagen. Wer unter dem Durchschnitt steht, dem kann man nicht die höchsten Dinge sagen.«

Man soll den Menschen nicht ein Wissen zumuten, für das sie nicht reif sind. Nur wer über dem allgemeinen Durchschnitt steht, ist fähig, einen Blick zu tun in die höchsten Geheimnisse der Erkenntnis. Den niederen Geistern kann solche Erkenntnis nur schaden. Vgl. V, 12.

20. Weisheit und Sittlichkeit I

Fan Tschï fragte, was Weisheit sei. Der Meister sprach: »Seiner Pflicht gegen die Menschen sich weihen, Dämonen und Götter ehren und ihnen fern bleiben, das mag man Weisheit nennen.«

Er fragte, was Sittlichkeit sei. Er sprach: »Der Sittliche setzt die Schwierigkeit voran und den Lohn hintan: das mag man Sittlichkeit nennen.«

Der Schüler Fan Tschï fragte nach dem Wesen der Weisheit. Da antwortete der Meister: »Die Weisheit besteht wohl vor allem darin, daß man seine Pflicht den Menschen gegenüber kennt und wichtig nimmt und daß man den höheren Mächten, die unser Leben umgeben, Ehrfurcht zollt und der gebührenden Abstand von ihrer überragenden Stellung innehält.« – Der Schüler fragte weiter nach dem Wesen der Sittlichkeit. Da antwortete der Meister: »Wahre Sittlichkeit zeigt sich darin, daß die Haupttriebfeder zur Anstrengung aller Kraft die zu überwindenden Schwierigkeiten bilden und der Gedanke an Lohn oder Erfolg keinen bestimmenden Einfluß auf unsre Handlungsweise auszuüben vermag«.

21. Weisheit und Sittlichkeit II

Der Meister sprach: »Der Wissende freut sich am Wasser, der Fromme (›Sittliche‹) freut sich am Gebirge. Der Wissende ist bewegt, der Fromme ist ruhig; der Wissende hat viele Freuden, der Fromme hat langes Leben.«

Die auf Erkenntnis und Beeinflussung der Außenwelt gerichteten Naturen finden ihr Symbol in dem stets wechselnden, fließenden Wasser. Ein in sich ruhendes vollkommenes Gemüt findet sich wieder in der erhabenen Gebirgswelt, die, ohne sich zu rühren, tausenden von Wesen das Leben gibt. Denn jene praktischen Naturen sind ihrem Wesen nach aktiv, während das beschauliche Gemüt in sich ruht. Darum erleben jene, wenn ihre Tätigkeit unter den Menschen von Erfolg begleitet ist, viele

Freuden, während diese durch ihre harmonische Natur ein hohes Alter erreichen.

22. Stufen des Verfalls

Der Meister sprach: »Wenn Tsi reformiert würde, so könnte es soweit kommen wie Lu. Wenn Lu reformiert würde, so könnte es auf den rechten Weg kommen.«

Der Meister sprach: »Der militärische Staat Tsi (der im Norden Schantungs lag) würde nach einer durchgreifenden Staatsreform auf den Standpunkt gebracht werden können, auf dem der Staat Lu (in Südschantung) jetzt schon sich befindet (dank des fortdauernden historischen Einflusses des großen Fürsten Dschou). Wenn der Staat Lu eine durchgreifende Reform durchmachen würde, so könnte er das Ideal eines nach den Vorbildern des Altertums wohlregierten Staates erreichen.«

23. Falsche Benennungen

Der Meister sprach: »Eine Eckenschale ohne Ecken: was ist das für eine Eckenschale, was ist das für eine Eckenschale!«

Der Meister hielt sich darüber auf, daß ein Opfergefäß, das früher eckig gewesen war, aber im Lauf der Zeit abgerundet hergestellt zu werden pflegte, noch immer mit der alten Bezeichnung genannt wurde, die dem Wesen nun gar nicht mehr entsprach: Ein Gleichnis für die Zustände der damaligen Zeit, die auch nichts mehr mit den Einrichtungen der guten alten Zeit gemein hatten als den bloßen Namen. Diese Begriffsverwirrungen waren nach Kung einer der schlimmsten Übelstände, da ohne adäquate Begriffe der Mensch der Außenwelt hilflos und machtlos gegenübersteht.

24. Dumme Gutmütigkeit

Dsai Wo fragte und sprach: »Wenn ein sittlich guter Mensch auch nur sagen hörte, es sei ein sittlicher Mensch im Brunnen, so würde er wohl sofort nachspringen.« Der Meister sprach: »Wozu denn das? Ein Edler würde hingehen, aber nicht hineinspringen. Man kann ihn belügen, aber nicht zum Narren haben.«

25. Selbsterziehung

Der Meister sprach: »Ein Edler, der eine umfassende Kenntnis der Literatur besitzt und sich nach den Regeln der Moral richtet, mag es wohl erreichen, Fehltritte zu vermeiden.«

Eine ausgebreitete intellektuelle Bildung, die sich die Kulturerrungenschaften der Vergangenheit aneignet, und eine strenge moralische Selbstzucht sind die Mittel, durch die man seinen Charakter so veredeln kann, daß er eine gewisse innere Festigkeit erlangt, die vor plumpen moralischen Mißgriffen und groben Geschmacklosigkeiten sicherstellt.

26. Verkehr mit einer verrufenen Fürstin

Der Meister besuchte die Nan Dsï. Dsï Lu war mißvergnügt. Der Meister verschwor sich und sprach: »Habe ich unrecht gehandelt, so möge der Himmel mich hassen, so möge der Himmel mich hassen.«

Der Meister hatte sich bei seinem Aufenthalt im Staate We genötigt gesehen, die Frau des Fürsten Ling, die berüchtigte Nan Dsï, zu besuchen. Der Jünger Dsï Lu war darüber mißvergnügt. Der Meister aber berief sich auf sein gutes Gewissen und schwor einen Eid, wenn er unrecht gehandelt habe, möge der Himmel ihn strafen.

27. Maß und Mitte

Der Meister sprach: »Maß und Mitte sind der Höhepunkt menschlicher Naturanlage. Aber unter dem Volk sind sie seit lange selten.«

Ein recht gestimmtes, zugleich starkes und mildes Gemüt ist die schönste Frucht der menschlichen Natur. Aber sie ist selten unter den Menschen schon seit langer Zeit.

28. Das Wesen der Sittlichkeit

Dsï Gung sprach: »Wenn einer dem Volke reiche Gnade spendete und es vermöchte, die gesamte Menschheit zu erlösen, was wäre ein solcher? Könnte man ihn sittlich nennen?« Der Meister sprach: »Nicht nur sittlich, sondern göttlich wäre der zu nennen. Selbst Yau und Schun waren sich mit Schmerzen (der Schwierigkeit davon) bewußt. Was den Sittlichen anlangt, so festigt er andere, da er selbst wünscht gefestigt zu sein, und klärt andre auf, da er selbst wünscht aufgeklärt zu sein. Das Nahe als Beispiel nehmen können (nach sich selbst die anderen zu beurteilen verstehn), das kann als Mittel zur Sittlichkeit bezeichnet werden.«

Der Jünger Dsï Gung, der sich gern mit moralischen Fragen beschäftigte, fragte den Meister: »Wenn ein Mensch als Herrscher es vermöchte, sein Volk durch reiche Segensspenden zu beglücken und alle Menschen von Leid zu erlösen: Kann ein solcher Mensch sittlich genannt werden?« Der Meister sprach: »Um dieses Ziel zu erreichen, genügen die Kräfte eines gewöhnlichen Menschen nicht, dazu ist ein Mensch nötig, der von Gott inspiriert mit göttlicher Autorität und Kraft des Geistes die Weltverhältnisse umzugestalten vermag. Dieser Zustand ist im Lauf der gesamten Geschichte noch nie erreicht worden. Auch die hervorragendsten Genies des goldenen Zeitalters, die Herrscher Yau und Schun, sind sich in diesem Stück noch ihrer Schwäche mit Schmerzen bewußt gewesen. Sittlichkeit dagegen ist etwas, das keiner übermenschlichen Kräfte bedarf, sondern das jedem Menschen zu erreichen möglich ist. Das Prinzip der Sittlichkeit ist aber nichts mehr und nichts weniger als die rechte Gesinnung, die allen Egoismus abstreift und ein allgemein gültiges Gesetz des Handelns aus dem eignen Innern ableitet, das dahin lautet, daß der andre in seiner moralischen und intellektuellen Entwicklung ebenso gefördert werden muß, wie man selbst gefördert zu werden wünscht.«

BUCH VII
SCHU ERL

Während die letzten zwei Bücher sich mit Aussprüchen Kungs über Schüler und Zeitgenossen beschäftigten, gibt das 7. Buch hauptsächlich Äußerungen über den Meister, teils von ihm selbst, teils von andern. Dieses biographische Moment ist der Grund, warum es bei der Redaktion hinter die beiden vorangehenden gestellt wurde.

1. Resignation

Der Meister sprach: »Beschreiben und nicht machen, treu sein und das Altertum lieben: darin wage ich mich mit unserem alten Pong zu vergleichen.«

Der Meister sprach: »Gott hat es nicht gewollt, mir eine Stellung unter den Menschen zu geben, in der ich in aktiver Weise die Kulturarbeit des Altertums hätte fortführen können. So bleibt mir nichts übrig, als die Ideale auszusprechen, ohne sie als Herrscher verwirklichen zu können. Aber ich halte treu an ihnen fest, und mein Interesse gehört jenen Männern, die in jahrhundertelanger Arbeit vieler Generationen den Grund gelegt zu unserer Kultur. Dieses Erbe der Vergangenheit auf die kommenden Geschlechter zu bringen, wo vielleicht einmal ein Fürst mit göttlichem Beruf erscheint, um es in der Staatsregierung anzuwenden: in dieser Stellung zwischen den Zeiten fühle ich mich unserem alten Pong verwandt.«

2. Der Geist der Wissenschaft

Der Meister sprach: »Schweigen und so erkennen, forschen und nicht überdrüssig werden, die Menschen belehren und nicht ermüden: was kann ich dazu tun?«

Der Meister sprach: »Die tiefsten Erkenntnisse erreicht man nur durch höchste Sammlung des Geistes. Worte reichen nicht hinunter in diese letzten Gründe, nur eine intuitive Erleuchtung hilft zum Verständnis. Wer diese Erfahrung einer alle Worte hinter sich lassenden Intuition einmal gemacht hat, der hat dann ganz von selbst den rechten Forschungstrieb, der sich durch keine Schwierigkeiten abschrecken läßt, bis er das erstrebte Verständnis erreicht. Daraus entwickelt sich dann auch die Begabung, andere einzuführen in das Wissen, ohne zu ermüden. Dieser Geist der Wissenschaft ist aber etwas, das einem nicht von außen mechanisch beigebracht werden kann. Er muß von selbst ohne allen Zwang in einem Menschen entstehen.«

3. Betrübnis über die Unvollkommenheit der Menschen

Der Meister sprach: »Daß Anlagen nicht gepflegt werden, daß Gelerntes nicht besprochen wird, daß man seine Pflicht kennt und nicht davon angezogen wird, daß man Ungutes an sich hat und nicht imstande ist, es zu bessern: das sind Dinge, die mir Schmerz machen.«

Der Meister sprach: »Die geistigen Anlagen im Menschen sind ein Geschenk des Himmels, der Mensch hat die Aufgabe, diese Anlagen so zu pflegen, daß sie sich entfalten können, sonst gehen auch die verheißungsvollsten Anlagen zugrunde. Wissenschaftliche Erkenntnis wird nur dadurch zum geistigen Eigentum, daß sie allseitig diskutiert wird; bloß mechanisch gelernter Wissensstoff bleibt tot und wertlos. Die Pflicht kann nur dadurch Gerechtigkeit in der Welt erzeugen, daß die Menschen von ihr angezogen werden, sonst wird jede versäumte Pflicht eine verlorene Gelegenheit zum Vorwärtskommen der Menschheit. Rückständigkeiten und Mängel werden nur dadurch unschädlich, daß sie verbessert werden, sonst werden sie zu habituellen Eigenschaften, die den Menschen hinabziehen. Deswegen macht es mir den größten Schmerz, solche verpaßte Gelegenheiten des Fortschritts mit ansehen zu müssen.«

4. Der Meister im Privatleben

Wenn der Meister unbeschäftigt war, so war er heiter und leutselig.

Vgl. X, 1–5.

5. Der Traum

Der Meister sprach: »Es geht abwärts mit mir, seit langer Zeit habe ich nicht mehr im Traum den Fürsten Dschoa gesehen!«

6. Vierfacher Weg der Bildung

Der Meister sprach: »Sich das Ziel setzen im Pfad, sich klammern an die guten Naturanlagen, sich stützen auf die Sittlichkeit, sich vertraut machen mit der Kunst.«

Eine vollkommene harmonische Bildung kann man nur dadurch erreichen, daß man ein einheitliches Lebensziel sich steckt. Dieses Ziel, das als Triebfeder unseren Willen beeinflußt, muß eine objektive Begründung haben in dem Vernunftgesetz. Dabei muß man, was immer unser Wesen an Ansätzen zu individueller Bildung enthält, ergreifen und kräftig auszubilden suchen. So entwickelt sich eine zuverlässige sittliche Gesinnung, die man in allen Fällen befragen muß. Diese moralische Ausbildung wird vollendet durch eine ästhetische Allseitigkeit der Interessen.

7. Pädagogische Grundsätze I: Bezahlung

Der Meister sprach: »Von denen an, die ein Päckchen Dörrfleisch anbrachten, habe ich noch nie einen von meiner Belehrung ausgeschlossen.«

Der Meister sprach: »Ich mache bei meinem Unterricht keinen Unterschied zwischen Arm und Reich. Wenn einer auch nur die allergeringste Gabe darbringt, um dadurch zu zeigen, daß es ihm um die Sache zu tun ist, so ist er mir willkommen.«

8. Pädagogische Grundsätze II: Selbsttätigkeit des Schülers

Der Meister sprach: »Wer nicht strebend sich bemüht, dem helfe ich nicht voran, wer nicht nach dem Ausdruck ringt, dem eröffne ich ihn nicht. Wenn ich eine Ecke zeige, und er kann es nicht auf die andern drei übertragen, so wiederhole ich nicht«.

Der Meister sprach: »Ich befolge aufs bestimmteste den Grundsatz, daß ich die Wahrheit niemand aufzudrängen suche. Denn die Wahrheit läßt sich nicht mechanisch von außen her einem Menschen beibringen. Wer kein selbständiges Interesse dafür hat und strebend sich bemüht, dem ist nicht zu helfen auf dem Weg des Fortschrittes. Ebenso muß der Schüler sich erst selbst an den Schwierigkeiten einer Sache versucht haben und gerungen haben um den rechten Ausdruck des Gedankens, ehe er in der Situation ist, daß man ihm die Lösung gibt. Die Anwendung eines Grundsatzes auf andere Gebiete als das Durchgesprochene muß der Lernende selbst zu machen imstande sein. Kann er es nicht, so hat eine Wiederholung auch keinen Wert.«

9. Weine mit den Weinenden

Der Meister, wenn er an der Seite eines Mannes in Trauer aß, aß sich nicht satt. Wenn der Meister an einem Tage geweint hatte, so sang er an demselben Tage nicht.

Wenn der Meister zufällig mit einem Manne, der in tiefer Trauer um Vater oder Mutter war, zusammen eine Mahlzeit einnahm, so legte er sich beim Essen eine taktvolle Zurückhaltung auf. Ebenso nahm er einen Kondolenzbesuch so ernst, daß er an demselben Tag, an dem er einen gemacht, nicht wieder sang.

10. Gelassenheit

Der Meister sagte zu Yän Hui und sprach: »Wenn gebraucht, zu wirken, wenn entlassen, sich zu verbergen: nur ich und du verstehen das.«

Dsï Lu sprach: »Wenn der Meister drei Heere zu führen hätte, wen würde er dann mit sich nehmen?«

Der Meister sprach: »Wenn einer mit der bloßen Faust einem Tiger zu Leibe rückt, über den Fluß setzt ohne Boot und den

Tod sucht ohne Besinnung: einen solchen würde ich nicht mit mir nehmen, sondern es müßte einer sein, der, wenn er eine Sache unternimmt, besorgt ist, der gerne überlegt und etwas zustande bringt.«

Der Meister sprach zu seinem Lieblingsjünger Yän Hui: »Der Wert des Menschen hängt nicht von seinen Taten, sondern von seinem Wesen ab. Der Mensch muß daher über seinen Taten stehen. Für den, der das erkannt hat, macht es daher prinzipiell keinen Unterschied aus, ob er einen einflußreichen Posten hat oder nicht. Bekommt er einen solchen Posten, so wird er seine Kräfte wirken lassen und wird dann selbstverständlich auch etwas Rechtes zustande bringen. Verliert er die Stellung, so hängt er sein Herz nicht daran, sondern zieht sich mit derselben Ruhe in die Verborgenheit zurück, ohne unglücklich zu werden. Diese gelassene Erhabenheit über die äußere Situation ist eine Gesinnung, die wir beide gemeinsam haben.«

Der tapfere Dsï Lu wollte, als er das hörte, nicht zurückbleiben und auch ein Lob aus des Meisters Munde ernten, deshalb begann er: »Wenn aber der Meister das Kriegsheer einer Großmacht zu führen hätte, wen würde er dazu gebrauchen?« Der Meister aber bemerkte die Absicht und entgegnete: »Sicher nicht einen tollkühnen, wagehalsigen Menschen, der sich unbesonnen in alle Gefahren stürzt und sein Leben für nichts in die Schanze schlägt, sondern einen, der imstande ist, sich bei allem, was er unternimmt, zum voraus Rechenschaft zu geben über die damit verbundenen Schwierigkeiten, und der durch vorsichtiges Abwägen aller Umstände fähig ist, das Unternommene auch wirklich durchzuführen.«

11. Die Jagd nach dem Glück

Der Meister sprach: »Wenn der Reichtum [vernünftigerweise] erjagt werden könnte, so würde ich es auch tun, und sollte ich mit der Peitsche in der Hand dienen; da man ihn aber nicht erjagen kann, so folge ich meinen Neigungen.«

Der Meister sprach: »Die Erwerbung von Reichtum ist etwas, das ein anständiger Mensch in unserer Zeit nicht in der Hand hat. Für den, der sich keiner unerlaubten Mittel bedienen will, hängt in dieser Hinsicht alles vom Zufall ab. Wenn es nicht so wäre, so könnte ich vielleicht auch die Verpflichtung fühlen, mich danach umzutun und einen wenn auch ganz untergeordneten Posten zu übernehmen. So aber bleibe ich mit gutem Gewissen bei dem, wozu mein Herz mich zieht.«

12. Vorsicht

Die Umstände, bei denen der Meister besondere Vorsicht übte, waren Fasten, Krieg und Krankheit.

13. Die Macht der Musik

Als der Meister in Tsi sich mit der Schau-Musik beschäftigte, da vergaß er drei Monate lang den Geschmack des Fleisches. Er sprach: »Ich hätte nicht gedacht, daß die Musik eine solche Höhe erreichen könne.«

14. Indirekte Frage

Jan Yu sprach: »Ob der Meister für den Fürsten von We ist?« Dsï Gung sprach: »Gut, ich werde ihn fragen.« Darauf ging er hinein und sprach: »Was waren Be I und Schu Tsi für Menschen?« [Der Meister] sprach: »Es waren Würdige des Altertums.« [Der Schüler] fragte weiter: »[Waren sie mit ihrem Lose] unzufrieden?« [Der Meister] sprach: »Sie erstrebten Sittlichkeit und erlangten sie. Was [hätten sie] unzufrieden [sein sollen]?« Der Schüler ging hinaus und sprach: »Der Meister ist nicht für ihn.«

Als der Meister auf seinen Wanderungen in We war, wo der Fürst seinen vertriebenen Vater vom Lande fernehielt, da vermuteten die Leute, der Meister wolle ihn in diesen Bemühungen unterstützen. Das kam dem Jünger Jan Yu zu Ohren, der fragte seinerseits den Dsï Gung. Dieser versprach, vom Meister selbst eine Antwort zu erlangen. Er ging hinein und fragte den Meister über Be I und Schu Tsi, zwei Brüder aus alter Zeit, die in edlem Wettstreit beide auf den Thron verzichteten und schließlich in die Wildnis flohen. Der Meister sprach: »Sie waren Heroen des Altertums.« Der Schüler fragte noch weiter: »Waren sie niemals mit ihrem Los unzufrieden?« Der Meister sprach. »Sie strebten in ihrem ganzen Leben dem Ideal der vollkommenen Sittlichkeit nach. Durch ihren gegenseitigen Verzicht haben sie dieses Ideal erreicht. Damit aber waren sie über alle Unzufriedenheit erhaben.« Nun hatte der Jünger des Meisters Sinn erfaßt und sagte dem andern, der draußen gewartet hatte: »Der Meister ist nicht auf Seiten des Fürsten von We.«

15. Das Glück eine ziehende Wolke

Der Meister sprach: »Gewöhnliche Speise zur Nahrung, Wasser als Trank und den gebogenen Arm als Kissen: auch dabei kann man fröhlich sein; aber ungerechter Reichtum und Ehren dazu sind für mich nur flüchtige Wolken«.

16. Das Buch des Wandels

Der Meister sprach: »Wenn mir noch einige Jahre vergönnt wären, daß ich das Buch des Wandels fertig studieren könnte, so möchte ich wohl wenigstens grobe Verfehlungen zu vermeiden imstande sein.«

17. Themen der Lehre

Was der Meister mit besonderer Sorgfalt besprach, waren die Lieder, die Geschichte, das Halten der Riten. Das alles besprach er mit Sorgfalt.

Der Meister wandte sich mit besonderer textkritischer Sorgfalt der Herstellung eines einwandfreien Kodex der alten Lieder, der Geschichte und der überkommenen religiösen und politischen Gebräuche zu. Alle die in dieser Richtung vorhandenen Urkunden suchte er in korrektem Wortlaut sicherzustellen.

18. Wer ist Kung?

Der Fürst von Schä fragte den Dsï Lu über Kung Dsï. Dsï Lu gab ihm keine Antwort. Der Meister sagte [nachher]: »Warum hast du nicht einfach gesagt: Er ist ein Mensch, der in seinem Eifer [um die Wahrheit] das Essen vergißt und in seiner Freude [am Erkennen] alle Trauer vergißt und nicht merkt, wie das Alter herankommt.«

19. Die Quelle von des Meisters Wissen

Der Meister sprach: »Ich bin nicht geboren mit der Kenntnis (der Wahrheit); ich liebe das Altertum und bin ernst im Streben (nach ihr).«

Der Meister sprach: »Ich besitze keine intuitive Erkenntnis der Wahrheit, die mir von Geburt an eigen wäre. Was ich erreicht habe, das verdanke ich meinem Interesse für das Altertum und meinem heißen Bemühen, einzudringen in den Geist seiner Lehren«.

20. Schweigendes Vorübergehen

Der Meister sprach niemals über Zauberkräfte und widernatürliche Dämonen.

21. Überall Lehrer zu finden

Der Meister sprach: »Wenn ich selbdritt gehe, so habe ich sicher einen Lehrer. Ich suche ihr Gutes heraus und folge ihm, ihr Nichtgutes und verbessere es.«

Wer ernstlich um die Kultur seiner Persönlichkeit bemüht ist, der braucht nicht wegen eines Lehrers besorgt zu sein. Das tägliche Leben bietet ihm, wo er geht und steht, Belehrung. Ist er auch nur mit ein paar Menschen zusammen, so kann er durch psychologische Beobachtung ihr Gutes und Minderwertiges herausfinden: das Gute, um es ins eigne Leben zu übertragen, das Schlechte, um es selber besser zu machen.

22. Gottvertrauen

Der Meister sprach: »Gott hat den Geist in mir gezeugt: was kann Huan Tui mir tun?«

Der Meister kam auf seiner Wanderung einmal durch den Staat Sung. Dort ruhte er mit seinen Schülern unter einem großen Baume und übte mit ihnen die heiligen Gebräuche ein. Diese Gelegenheit ergriffen die Sendlinge eines dem Meister übelwollenden Beamten von Sung, Huan Tui, und suchten den Meister zu töten, indem sie den Baum fällten. Die Jünger, erschrocken, rieten zur eiligen Flucht; der Meister aber blieb gelassen. Er wußte sein Leben in einer höheren Hand; er war sich bewußt, daß, da er einen gottgewollten Beruf habe, ihm Menschen nichts anhaben könnten.

23. Offenheit

Der Meister sprach: »Meine Kinder, ihr denkt, ich habe Geheimnisse? Ich habe keine Geheimnisse vor euch. Mein ganzer Wandel liegt offen für euch, meine Kinder. So ist es meine Art.«

Da der Meister nicht jederzeit über alles sprach, sondern die tieferen Lehren nur denen unter seinen Schülern mitteilte, die durch Interesse und Begabung für ihre Auffassung sich reif erwiesen hatten (vgl. VII, 8), so bildete sich das Gerücht, daß der Meister, wie es zu jener Zeit allgemein üblich war, die esoterischen Geheimnisse seiner Lehre nicht mitteile. Der Meister aber sprach: »Das ist nicht meine Art, Geheimnisse vor euch zu haben. Wenn ich euch auch jetzt noch nicht alles sagen kann, da ihr's noch nicht tragen könnt, so liegt doch mein Wandel offen vor euch da. Es gibt keinen Moment, wo ich mich etwa vor euch zurückzöge, um Sachen zu treiben, die ihr nicht wissen dürft.«

24. Unterricht in den Elementen

Der Meister lehrte vier Gegenstände: die Kunst, den Wandel, die Gewissenhaftigkeit, die Treue.

Der Meister bezweckte mit seiner Lehre eine allseitige persönliche und soziale Ausbildung seiner Schüler. Daher führte er sie ein in die literarische Überlieferung der Vergangenheit und die dort überlieferten ästhetischen Grundsätze, er lehrte sie handeln nach den Gesetzen der Moral. Er lehrte sie die Autonomie des sittlichen Menschen als Grundlage der Gesinnung und die Pflicht der Treue und Wahrheit als Grundlage des Verkehrs mit andern. Das waren alles klar bestimmte und leicht zu verstehende Gegenstände, die zur Einführung geeignet waren und in der Tat auch das Wichtigste im Leben umspannten.

25. Auf der Suche nach Menschen

Der Meister sprach: »Einen Gottmenschen zu sehen, ist mir nicht vergönnt; wenn es mir vergönnt wäre, einen Edlen zu sehen, dann wäre es schon gut. Einen guten Menschen zu sehen, ist mir nicht vergönnt; wenn es mir vergönnt wäre, einen Beharrlichen zu sehen, wäre es schon gut. Aber nicht haben und tun als habe man, leer sein und tun als sei man voll, in Verlegenheit sein und tun als lebe man herrlich und in Freuden: auf diese Weise ist es schwer, beharrlich zu sein.«

Der Meister sprach: »Um die Welt zu regieren, dazu brauchte es eigentlich eines Gottmenschen auf dem Thron, der den heiligen Königen des Altertums gliche. Meines Herzens tiefster Wunsch wäre es, einen solchen zu treffen und in seinem Dienste mit Hand anzulegen an dem großen Werk. Doch ich weiß, dieser Wunsch bleibt mir versagt. Ich wollte schon zufrieden sein, wenn ich auch nur einen edlen Fürsten fände; denn auch mit ihm zusammen ließe sich schon etwas tun. Aber geschweige einen edlen Fürsten, nicht einmal einen Menschen von Talenten ist es mir vergönnt, auf meinem Lebensweg zu treffen. Ich wollte mich begnügen, wenn ich einen beharrlichen und energischen Mann fände, der eine Sache wirklich auch durchzuhalten imstande ist. Aber in unsrer Zeit, wo sich die verschiedenen Höfe an leerer Prachtentfaltung gegenseitig überbieten und sich gegenseitig Sand in die Augen zu streuen suchen, während doch die gesamten Zustände nur ein glänzendes Elend sind, da ist nicht einmal zu hoffen, einen solchen Mann unter den Fürsten zu finden.«

26. Fischfang und Jagd

Der Meister fing Fische mit der Angel, aber nie mit dem Netz; er schoß Vögel, aber nie, wenn sie im Neste saßen.

27. Erst wägen, dann wagen

Der Meister sprach: »Es mag auch Menschen geben, die, ohne das Wissen zu besitzen, sich betätigen. Ich bin nicht von der Art. Vieles hören, das Gute davon auswählen und ihm folgen, vieles sehen und es sich merken: das ist wenigstens die zweite Stufe der Weisheit.«

Der Meister sprach: »[Die öffentliche Tätigkeit verlangt eigentlich, wenn sie wirklich einen Einfluß nach der guten Seite hin ausüben will, genial begabte Menschen, die intuitiv das Richtige treffen.] Allerdings mag es auch Personen an leitenden Stellen geben, die ganz ohne Sachkenntnis sich mit der Regierung befassen. Zu diesen Unverantwortlichen gehöre ich nicht. Ich suche mir durch ausgebreitetes Studium Kenntnisse zu sammeln, die ich auf ihre Brauchbarkeit prüfe und von denen ich das geeignet Befundene praktisch verwende, ebenso suche ich durch umfassende Beobachtungen mir Erfahrungen zu eigen zu machen, die ich nachher verwerten kann. Dieses diskursive Wissen kommt zwar der genialen Intuition nicht gleich, ist aber wenigstens der nächstbeste Weg, sich die für eine öffentliche Wirksamkeit nötige Weisheit zu erwerben.«

28. Weitherzigkeit

Die Leute von Hu Hiang waren schwierig im Gespräch. Ein Knabe (aus jener Gegend) suchte den Meister auf. Die Jünger hatten Bedenken. Der Meister sprach: »Laßt ihn kommen, heißt ihn nicht gehen! Warum wollt ihr so genau sein? Wenn ein Mensch sich selbst reinigt, um zu mir zu kommen, so billige ich seine Reinigung, ohne ihm seine früheren Taten vorzurücken.«

Die Leute von Hu Hiang waren bekannt als roh und schwer zugänglich für höhere Bildung. Ein Knabe aus jener Gegend kam einmal zum Meister, und der Meister ließ ihn vor. Darüber verwunderten sich die Jünger. Der Meister aber sprach: »Laßt ihn doch zu mir kommen und wehret ihm nicht. Damit, daß ich ihn vor mich lasse, drücke ich ja nur meine Anerkennung aus darüber, daß er gekommen ist; über sein sonstiges Benehmen während seiner Abwesenheit soll damit nichts gesagt sein. Wenn einer kommt wie dieser Junge, frischgewaschen und gereinigt, um bei mir vorgelassen zu werden, so freue ich mich über sein Interesse am Guten, das er durch diese Vorbereitungen an den Tag legt. Ich lasse ihn seinen früheren Wandel nicht entgelten.«

29. Die intelligible Macht des Willens zur Sittlichkeit

Der Meister sprach: »Ist denn die Sittlichkeit gar so fern? Sobald ich die Sittlichkeit wünsche, so ist diese Sittlichkeit da.«

Die Sittlichkeit erscheint dem Blick als etwas Großes und Fernes und schwer zu Erreichendes. Aber was alle Überlegungen nicht näher bringen: der einfache Akt des Willens macht die Sittlichkeit möglich und wirklich.

30. Versuchung

Der Justizminister des Staates Tschen fragte, ob der Fürst Dschau [von Lu] ein Mann sei, der die Regeln des Anstandes kenne. Meister Kung sprach: »Ja, er kennt die Regeln des Anstandes.« Als Meister Kung sich zurückgezogen hatte, machte der Minister eine Verbeugung vor dem Jünger Wu Ma Ki, daß er herankomme, und sprach: »Ich habe doch immer gehört, der Edle sei kein Schranz; aber es scheint, zuweilen ist der Edle doch auch ein Schranz. Euer Fürst hat eine Prinzessin aus dem Staate Wu geheiratet, die mit ihm denselben Familiennamen trug, so daß er selbst für nötig fand, sie einfach die Fürstin von Wu [unter Weglassung des Familiennamens Gi] zu nennen. Wenn dieser Fürst Anstand hat, dann weiß ich nicht, wer keinen hat.« – Der Jünger Wu Ma Ki hinterbrachte die Sache dem Meister. Der

Meister sprach: »Fürwahr, glücklich bin ich zu nennen: Wenn ich Fehler mache, so bemerken die Menschen sie sicher.«

31. Gesang und Begleitung

Wenn der Meister mit einem Mann zusammen war, der sang und es gut machte, so ließ er ihn sicher wiederholen und sang das zweitemal selber mit.

32. Theorie und Praxis

Der Meister sprach: »Was die literarische Ausbildung anlangt, kann ich es durch Anstrengung wohl andern gleichtun. Aber [die Stufe] eines Edlen, der in seiner Person [seine Überzeugungen] in Handeln umsetzt, habe ich noch nicht erreicht.«

Der Meister sprach: »Was meine theoretischen Kenntnisse anlangt, so kann ich bei ernster Anspannung meiner Kräfte es wohl jedem andern Menschen darin gleichtun; aber das andre Problem: die Gedanken umzusetzen in die Wirklichkeit eines vollständig konsequenten Lebens nach den höchsten Idealen der Persönlichkeit: das habe ich noch nicht praktisch gelöst.«

33. Genialität und Fleiß

Der Meister sprach: »Was Genialität und Sittlichkeit anlangt: wie könnte ich wagen [darauf Anspruch zu machen]; nur, daß ich ohne Überdruß danach strebe und andre lehre, ohne müde zu werden: das mag wohl vielleicht gesagt werden.« Gung Si Hua sprach: »Ganz recht; das eben können wir Jünger nicht lernen.«

Nachdem Kung wohl von irgend jemand gerühmt worden war, daß er mit genialer Intuition immer das sittlich Richtige tue, lehnte er dieses Lob ab mit den Worten: »Ich wage nicht im entferntesten, Anspruch darauf zu erheben, daß ich durch geniale Intuition die Gebote der Sittlichkeit in meinem Leben zu verwirklichen imstande wäre. Mein Weg ist einfach, immer strebend mich zu bemühen, ohne zu erlahmen, und andre desgleichen zu lehren, ohne müde zu werden. Dieses Arbeiten und nicht Verzweifeln ist es, was ich als meine Art bezeichnen könnte.« Der Jünger Gung Si Hua bemerkte darauf: »Eben darin besteht die Genialität; denn das gerade ist es, was unnachahmlich für uns ist.«

34. Über das Gebet

Der Meister war schwer krank. Dsï Lu bat, für ihn beten lassen zu dürfen. Der Meister sprach: »Gibt es so etwas?« Dsï Lu erwiderte und sprach: »Ja, es gibt das. In den Lobgesängen heißt es: ›Wir beten zu euch, ihr Götter oben und ihr Erdgeister unten.‹« Der Meister sprach: »Ich habe lange schon gebetet.«

35. Das kleinere Übel

Der Meister sprach: »Verschwendung führt zu Unbotmäßigkeit. Sparsamkeit führt zu Ärmlichkeit. Aber immer noch besser als Unbotmäßigkeit ist die Ärmlichkeit.«

Wenn in einem Staatswesen der Luxus überhand nimmt, so werden die Untertanen anspruchsvoll und werden sich schließlich auch der staatlichen Autorität nicht mehr fügen. Beschränktheit der Lebensverhältnisse hat den Nachteil, daß eine gewisse Ärmlichkeit in allen Verhältnissen zutage tritt, die in ihrer Kleinlichkeit den frischen Zug des Lebens hemmt. Aber diese Ärmlichkeit ist schließlich mehr nur ein Schönheitsfehler, während die Untergrabung der staatlichen Autorität eine dringende Gefahr ist.

36. Der Edle und der Gemeine:
Seelenruhe und Sorgen

Der Meister sprach: »Der Edle ist ruhig und gelassen, der Gemeine ist immer in Sorgen und Aufregung.«

Der höhere Mensch hat einen Einblick in die göttliche Notwendigkeit alles Geschehens, daher ist er immer gelassen und ruhig. Für die kleinen Geister hängt immer alles vom unsicheren Zufall des Augenblicks ab, daher kommen sie nie aus Sorgen und Aufregungen heraus.

37. Des Meisters Charakter

Der Meister war in seinem Wesen mild und doch würdevoll. Er war Ehrfurcht gebietend und doch nicht heftig. Er war ehrerbietig und doch selbstbewußt

BUCH VIII
TAI BE

Das Buch VIII enthält 21 Abschnitte, von denen sich der erste und die vier letzten mit großen Männern der Vorzeit beschäftigen. Abschnitt 3 bis 7 enthalten Äußerungen und Anekdoten aus dem Leben des Jüngers Dsong Schen, der hier auch wieder das Ehrenprädikat »Dsï« (Meister) erhält, was auf die Herkunft dieses Traditionsstoffes aus seiner Schule schließen läßt. Die übrigen elf Abschnitte enthalten Aussprüche Kungs über Themen der Charakterbildung, Staatsregierung und des Studiums.

1. Verborgene Verdienste

Der Meister sprach: »Tai Be: von ihm kann man sagen, daß er die höchste Tugend erreicht hat. Dreimal verzichtete er auf das Reich, und das Volk kam nicht dazu, ihn darum zu loben.«

Der Meister sprach: »Von dem ältesten Sohn des Ahns des Herrscherhauses Dschou kann man sagen, daß er den Höhepunkt der Charakterbildung erreicht hat. Er hatte die Möglichkeit, die Herrschaft über das Reich in seine Hand zu bekommen. Aus moralischen Erwägungen hat er darauf verzichtet, ebenso wie er auf das väterliche Fürstentum zugunsten seines jüngsten Bruders verzichtet und sich zu den Barbaren des Südens zurückgezogen hat. Das alles tat er, ohne irgendwelches Aufheben davon zu machen. Er verschwand stillschweigend, so daß nicht einmal der Ruhm seines Edelmuts ihm zuteil wurde, weil das Volk von seiner heroischen Resignation gar nichts erfuhr«.

2. Unvollkommenheit guter Gesinnung ohne Takt

Der Meister sprach: »Ehrerbietung ohne Form wird Kriecherei, Vorsicht ohne Form wird Furchtsamkeit, Mut ohne Form wird Auflehnung, Aufrichtigkeit ohne Form wird Grobheit.

Wenn der Fürst seine Verwandten hochhält, so wird das Volk sich entwickeln zur Sittlichkeit; wenn er seine alten Freunde nicht vernachlässigt, so wird das Volk nicht niedriggesinnt«.

Auch die besten inneren Eigenschaften verlangen, um zur Geltung kommen zu können, den richtigen Takt, der alle Formen mäßigt und vor Übertreibungen schützt. Zu den besten Eigenschaften der Menschen gehören: Ehrfurcht, Vorsicht, Mut und

Aufrichtigkeit. Aber sie alle werden zu schlimmen Fehlern ohne das heilsame Maß der Regel. Ohne dieses Maß kann man sich nicht genugtun in übertriebener Unterwürfigkeit, wenn man seine Ehrfurcht zeigen will, und verliert so seine Würde. Vorsicht ohne Maß wird kleinliche Ängstlichkeit, während Mut ohne die Schranken des Taktgefühls zu staatsgefährlicher Unbotmäßigkeit wird und Aufrichtigkeit überall durch unbedachte Rücksichtslosigkeit Streit und Hader anrichtet.

Um aber im Volk diese Kulturhöhe zu verbreiten, dazu hat der Herrscher ein sicheres Mittel. Die Formen der Kultur entwickeln sich nämlich aus dem Sinn für das, was dem menschlichen Wesen entspricht (Sittlichkeit, Humanität), und dem Gefühl für Billigkeit und Gerechtigkeit. Um diese Gesinnung, welche die Wurzel aller höheren Kultur ist, im Volk großzuziehen, dazu muß der Fürst in seinem eignen Leben mit dementsprechenden Prinzipien Ernst machen. Dadurch, daß er Nächstenliebe zeigt seinen Verwandten gegenüber und dem Volk so den Anblick eines intrigierenden Fürstenhauses erspart, bewirkt er durch sein Beispiel, daß der Familiensinn, die Grundlage aller humanen Sittlichkeit, geweckt wird. Dadurch, daß er sich nicht undankbar zeigt gegen verdienstvolle Beamte, sondern ihnen dauernd sein Vertrauen schenkt, wird im Volk der Egoismus zurücktreten und einer billigen Rücksichtnahme auf andere weichen. Herrscht diese humane und rücksichtsvolle Gesinnung im Volk, so ist eine wirkliche Kultur möglich, die allen Lebensäußerungen jenen verfeinerten Ausdruck verleiht und alle Maßlosigkeiten verhindert.

3. Vorsicht im Leibesleben

Meister Dsong war krank. Da rief er seine Schüler zu sich und sprach: »Deckt meine Füße auf, deckt meine Hände auf (und sehet, daß sie unverletzt sind). Im Liede heißt es: ›Wandelt mit Furcht und Zittern, als stündet ihr vor einem tiefen Abgrund, als trätet ihr auf dünnes Eis.‹ Nun und immerdar ist es mir gelungen, meinen Leib unversehrt zu halten, o meine Kinder.«

4. Das Schwanenlied

Meister Dsong war krank. Da kam der Freiherr Mong Ging und fragte (nach seinem Befinden). Meister Dsong redete und sprach also: »Wenn der Vogel am Sterben ist, so ist sein Gesang klagend; wenn der Mensch am Sterben ist, so sind seine Reden gut. Drei Grundsätze sind, die ein Fürst hoch halten muß: In seinem Benehmen und allen Bewegungen halte er sich fern von Rohheit und Nachlässigkeit, er ordne seinen Gesichtsausdruck, daß er Vertrauen einflößt, er bemühe sich bei allen seinen Reden sich fernzuhalten von Gemeinheit und Unschicklichkeit. Was dagegen die Opfergefäße (und derartige spezielle Fachkenntnisse) anlangt, so gibt es dafür berufene Beamte«.

5. Yän Huis Demut

Meister Dsong sprach: »Begabt sein und doch noch von Unbegabten lernen; viel haben und doch noch von solchen lernen, die wenig haben; haben als hätte man nicht, voll sein als wäre man leer; beleidigt werden und nicht streiten: einst hatte ich einen Freund, der in allen Dingen so handelte«.

6. Treue eines fürstlichen Vormunds

Meister Dsong sprach: »Wem man einen jungen verwaisten (Fürsten) anvertrauen kann, und wem der Befehl über einen Großstaat übergeben werden kann, und wer auch gegenüber von großen Dingen sich nichts rauben läßt: ist das ein edler Mensch? Das ist ein edler Mensch!«

7. Die schwere Last und der weite Weg

Meister Dsong sprach: »Ein Lernender kann nicht sein ohne großes Herz und starken Willen; denn seine Last ist schwer, sein Weg ist weit. Die Sittlichkeit, die ist seine Last: ist sie nicht schwer? Im Tode erst ist er am Ziel: ist das nicht weit?«

8. Poesie, Formen, Musik

Der Meister sprach: »Wecken durch die Lieder, festigen durch die Formen, vollenden durch die Musik.«

Die höhere Kultur hat eine gewisse Entwicklungsfolge in jedem Menschen. Erst muß das geistige Interesse geweckt werden. Das geschieht durch die Beschäftigung mit der Poesie; denn diese spiegelt das weite Leben mit all seinen bunten Formen wider und gibt dadurch Anregung zur Gestaltung des eignen Lebens. Diese Gestaltung des Lebens wird gefestigt durch die Kenntnis der rechten Ausdrucksform in allen Lebenslagen. Durch die Vertrautheit mit dieser Lebenskunst entwickelt sich eine Sicherheit des Taktes, die dem Leben gewachsen ist. Die letzte Vollendung gewinnt der Kulturmensch durch die Musik, weil durch sie nicht nur Ideen und Handlungen, sondern auch die Gefühle selbst in harmonische Verfassung kommen.

9. Fides implicita

Der Meister sprach: »Das Volk kann man dazu bringen, (dem Rechten) zu folgen, aber man kann es nicht dazu bringen, es zu verstehen«.

Die große Masse kann durch eine gute Regierung dazu gebracht werden, daß sie die Segnungen der Kultur genießt, aber nicht dazu, daß sie sich Rechenschaft gibt über die Prinzipien, die dieser Kultur zugrunde liegen.

10. Gründe des Umsturzes

Der Meister sprach: »Wenn einer Mut liebt und die Armut haßt, so macht er Aufruhr; wenn ein Mensch nicht sittlich ist, und man haßt ihn zu sehr, so macht er Aufruhr.«

Der Umsturz hat verschiedene Ursachen. Wenn sich Menschen von energischem Temperament in gedrückten Umständen befinden und den Druck der Lage peinlich empfinden, so kommt es zum Umsturz. Eine ebenso große Gefahr aber bedeuten die Menschen von schlechtem Charakter, die auf Abneigung und Zurücksetzung stoßen: die wenden sich ebenfalls dem Umsturz zu. Die Mittel zur Bekämpfung des Umsturzes liegen in der Erkenntnis seiner Ursachen. Man darf aufstrebende Klassen nicht daran verhindern, sich vom Druck ihrer Lage zu befreien; ebenso muß man ein schroffes, liebloses Vorgehen gegen sittlich minderwertige Charaktere vermeiden, um sie nicht selbst dem Umsturz in die Arme zu treiben.

11. Talente ohne moralischen Wert

Der Meister sprach: »Wenn einer die Schönheit der Talente des Fürsten Dschou hat, aber bei ihrer Anwendung hochfahrend und knickerig ist, so ist das übrige keines Blickes wert.«

Wenn ein Fürst auch die glänzendsten Geistesgaben besäße, aber sich in seinen Regierungsmaßregeln hochfahrend und knickerig zeigt, so wird er sicher nichts Bemerkenswertes leisten. Denn durch seinen Hochmut entfremdet er sich die Vornehmen, durch seine Knickerigkeit entfremdet er sich die Geringen. Das Geheimnis der Regierung aber besteht darin, daß man durch moralische Qualitäten die Zuneigung der Untertanen gewinnt. Sind die Herzen einem Fürsten entfremdet, so hilft ihm alle intellektuelle Fähigkeit nichts.

12. Häufigkeit des Brotstudiums

Der Meister sprach: »Drei Jahre lernen, ohne nach Brot zu gehen, das ist nicht leicht zu erreichen.«

Die meisten Menschen treiben die Wissenschaft nur als Mittel zur Erreichung äußerer Zwecke. Daß einer drei Jahre lang studiert, ohne daß er praktische Resultate, die für Amt und Einkommen verwertbar sind, erreicht hätte, weil seine Interessen höheren Zielen der Wahrheitserkenntnis zugewandt sind, kommt selten vor.

13. Charakterbildung und ihr Verhältnis zur Welt

Der Meister sprach: (1.) »Aufrichtig und wahrhaft, bis zum Tode treu dem rechten Weg: (2.) ein gefährdetes Land nicht betreten, in einem aufständischen Land nicht bleiben: wenn auf Erden Ordnung herrscht, dann sichtbar werden, wenn Unordnung herrscht, verborgen sein. (3.) Wenn in einem Lande Ordnung herrscht, so ist Armut und Niedrigkeit eine Schande; wenn in einem Lande Unordnung herrscht, dann ist Reichtum und Ansehen eine Schande.«

Die Grundlage der Charakterbildung ist unbedingte Wahrhaftigkeit des ganzen Wesens und unbedingte Entschlossenheit, bis zum Tode getreu auf dem Prinzip des Guten zu beharren. Für einen Menschen mit dieser Gesinnung sind der Welt gegenüber gewisse Vorsichtsmaßregeln nötig. Wenn er seinen Charakter unbefleckt erhalten will, so darf er sich auf gewisse Welthändel gar nicht einlassen und kann sich in Zeiten des Umsturzes und der Anarchie unter Umständen genötigt sehen, seinen Wohnplatz zu verändern. Er ist gänzlich frei von aller Ruhmsucht; ob er vor der Welt einen Namen bekommt oder nicht, ist ihm gleichgültig. Wenn die öffentlichen Verhältnisse in einem Zustand sind, daß ein gedeihliches Wirken möglich ist, dann wird er sich in der Öffentlichkeit zeigen. Sind die Verhältnisse aber so unklar, daß keine reine Wirksamkeit möglich ist, so wird er sich vor der Welt verborgen halten. Er kann sich mit dem Bewußtsein beruhigen, daß es wohl eine Schande ist, ruhmlos ins Grab zu steigen, wenn die Verhältnisse eine Wirkung zum gemeinen Besten ermöglicht hätten, daß es aber andrerseits eine ebenso große Schande ist, durch Paktieren mit den niedrigen Instinkten der Menschen sich mit Gewalt eine Position zu erringen und berühmt zu werden.

14. Gegen Kamarillawirtschaft

Der Meister sprach: »Wer nicht das Amt dazu hat, der kümmere sich nicht um die Regierung.«

Mit der Ordnung im Staatsleben ist es unvereinbar, daß die Tätigkeit der kompetenten Beamten durch unverantwortliche Ratgeber gekreuzt werde. Ein richtiges Gefühl der Verantwortung kann nur dann aufkommen, wenn jeder sich streng innerhalb seines Umkreises von Pflichten hält (vgl. XIV, 27).

15. Der Kapellmeister Dschï und das Guan-Dsü-Lied

Der Meister sprach: »Als der Kapellmeister Dschï sein Amt antrat, da kamen die vollen Versschlüsse des Guan-Dsü-Liedes zu mächtiger Wirkung. Wie füllten sie das Ohr!«

16. Schatten ohne Licht

Der Meister sprach: »Zugreifend und doch nicht gradeaus, unwissend und doch nicht aufmerksam, einfältig und doch nicht gläubig: mit solchen Menschen weiß ich nichts anzufangen.«

Bei der Erziehung hat man es selten mit dem vollkommenen Menschen zu tun. Vorzüge und Fehler des Charakters hängen eng zusammen. Aber eben das macht auch die Erziehung von jungen Leuten mit fehlerhafter Veranlagung nicht hoffnungslos; denn jedem Fehler steht eine Tugend gegenüber. Aber wenn nun Leute kommen, die zwar die für den Erzieher schwierigen Charakterseiten alle haben, aber ohne die guten Seiten, die zufahrend sind, aber doch die Gradheit vermissen lassen, die unwissend sind und dazuhin noch unaufmerksam und unbescheiden, die einfältig sind und trotzdem den Worten des Lehrers keinerlei Glauben schenken: solchen Leuten gegenüber weiß man nicht was anfangen, um sie zu erziehen.

17. Das Geheimnis des Lernens

Der Meister sprach: »Lerne, als hättest du's nicht erreicht, und dennoch fürchtend, es zu verlieren.«

Das Wahrheitsuchen ist von einem fortwährenden seelischen Spannungszustand begleitet. Man sieht immer das Ziel erst vor sich, so daß man sich nie im Besitz der Wahrheit fühlen kann. Dabei muß man dennoch in Furcht und Zittern stehen, sie könnte verloren gehen. Es ist der Ausblick nach oben und nach unten, nach den noch nicht erreichten Gipfeln und nach den schon überwundenen Stufen, der diese Wechselstimmung erzeugt.

18. Die heiligen Herrscher des Altertums I: Schun und Yü

Der Meister sprach: »Erhaben war die Art, wie Schun und Yü den Erdkreis beherrschten, ohne daß sie etwas dazu taten«.

19. Die heiligen Herrscher des Altertums II: Yau

Der Meister sprach: »Groß wahrlich ist die Art, wie Yau Herrscher war. Erhaben: Nur der Himmel ist groß, nur Yau entsprach ihm. Unendlich: Das Volk konnte keinen Namen finden.

Erhaben war die Vollendung seiner Werke, strahlend waren seine Lebensordnungen.«

Yau zeigte die wahre Herrschergröße. Er legte den Grund der Kultur für alle Zeiten; denn er richtete sich in seinen Einrichtungen nach den ewigen göttlichen Weltgesetzen und brachte so das Leben der Menschheit in Harmonie mit dem Weltganzen. So überragend war seine Größe, daß sie wie Gottes Größe die Begriffe der Menschen überstieg und er scheinbar ganz in den Hintergrund trat. Auf diese Weise brachte er die wirtschaftliche Neuschöpfung hervor, indem er durch Yü die Wasserläufe regulieren ließ und so erst die Möglichkeit eines gesicherten Lebens schuf. Yüs Name wurde dabei gepriesen, er selbst verschwand hinter seinem Werk. So vollendete er die moralische und ästhetische Sozialordnung durch Lebensordnungen und Musik. Schuns Name ist mit diesen Schöpfungen verknüpft, die Yaus Genie ins Leben rief und die das Licht der Kultur erst aufleuchten ließen, das leuchtet bis auf den heutigen Tag. Diese Art, Werke und Lebensordnungen von ewiger Notwendigkeit zu schaffen, deren Lebensfähigkeit sich gleichsam ganz von ihm loslöste und ihnen selbständiges Dasein verlieh, das ist die überragende Größe des Schöpfers unsrer Kultur.

20. Die heiligen Herrscher des Altertums III: Yau, Schun, Wu, Wen

Schun hatte an Beamten fünf Männer, und der Erdkreis war in Ordnung. König Wu sprach: »Ich habe an tüchtigen Beamten zehn Menschen.«

Meister Kung sprach: »Genies sind schwer zu finden: ist das nicht ein wahres Wort? Die Zeit des Zusammentreffens von Yau (Tang) und Schun (Yü) ist dadurch so blühend.« Doch war eine Frau darunter, so daß es im ganzen nur neun Männer waren.

»Von den drei Teilen des Erdkreises zwei zu besitzen und dennoch dem Hause Yin treu zu bleiben; das war die Tugend des Gründers des Hauses Dschou. Von ihm kann man sagen, daß er die höchste Tugend erreicht hat.«

21. Die heiligen Herrscher des Altertums IV: Yü

Der Meister sprach: »An Yü kann ich keinen Makel entdecken. Er war sparsam in Trank und Speise, aber er war fromm vor Gott. Er trug selbst nur schlichte Kleidung, aber (beim Gottesdienst) war er in Purpur und Krone zugegen. Er wohnte in einer geringen Hütte, aber er verwandte alle Mittel auf die Regulierung der Gewässer. An Yü kann ich keinen Makel entdecken«.

BUCH IX
DSÏ HAN

Die ersten 15 Abschnitte des Buches enthalten Äußerungen über die Persönlichkeit Kungs teils von ihm selbst, teils von andern, teils endlich Gespräche und Wechselreden. Mit dem 16. und 17. Abschnitt, die elegische Äußerungen des Meisters über den Fluß der Dinge und die menschliche Verblendung enthalten, geht der Text zu allgemeineren Themen über, die hauptsächlich das Gebiet des Studiums berühren. Der letzte, 30. Abschnitt ist in seiner jetzigen Form zweifelhaft. Bemerkenswert sind die mancherlei Parallelstellen zu Buch VII.

1. Esoterisches: Lohn, Wille Gottes, Sittlichkeit

Worüber der Meister selten sprach, war: der Lohn, der Wille Gottes, die Sittlichkeit.

Etwas, was der Meister nur den vorgeschrittensten Schülern gegenüber erwähnte, war: Der Lohn, der der Gerechtigkeit immanent zukommt. Denn diese Übereinstimmung zwischen Tugend und Lohn wird in ihrer Reinheit getrübt, wenn man seine Reflexion auf die zweite Seite, den Lohn, richtet; dadurch kommt zu leicht ein utilitaristischer Gesichtspunkt in die Handlungsweise und zerstört ihren moralischen Wert. Daher hielt der Meister mit seinen Äußerungen über dieses Thema zurück. Ebenso über die göttliche Weltordnung und die vollkommene Sittlichkeit, weil das ebenfalls Gebiete sind, deren letzte Erkenntnis nur den Eingeweihten zusteht, während sie den Draußenstehenden nur schaden kann.

2. Genie und Talente I: Der Mann aus Da Hiang

Ein Mann aus der Gegend von Da Hiang sprach: »Meister Kung ist gewiß ein großer Mann und hat ausgebreitete Kenntnisse, aber er hat nichts Besonderes getan, das seinen Namen berühmt machen würde.«

Der Meister hörte das und sprach zu seinen Jüngern also: »Was könnte ich denn (für einen Beruf) ergreifen? Soll ich das Wagenlenken ergreifen oder soll ich das Bogenschießen ergreifen? Ich denke, ich muß wohl das Wagenlenken ergreifen«.

3. Mode und Sinn

Der Meister sprach: »Ein leinener Hut ist eigentlich dem Ritual entsprechend. Heutzutage benutzt man seidene. Es ist sparsam, so richte ich mich nach der Allgemeinheit. Unten (an den Stufen der Halle) sich zu beugen, ist eigentlich dem Ritual entsprechend. Heutzutage macht man die Verbeugung oben. Doch das ist anmaßend, deshalb – ob ich auch von der Allgemeinheit abweiche, ich richte mich nach (dem Ritual der Verbeugung) unten.«

Der Meister sprach: »Bei festlichen und zeremoniellen Anlässen ist durch das Ritual der Dschou-Dynastie eine aus Leinenfäden kompliziert zusammengesetzte Kopfbedeckung vorgeschrieben. Heutzutage benützt man ganz allgemein eine einfache seidene Kopfbedeckung. Das ist eine sinngemäße Neuerung; denn es bedeutet eine Ersparnis; darum richte ich mich in diesem Stück unbedenklich nach der Mode.

Bei fürstlichen Mahlzeiten ist durch das Ritual vorgeschrieben, daß, wenn der Fürst den Wein anbietet, man unterhalb der Halle eine Verbeugung macht, um zu danken. Gegenwärtig ist es allgemein üblich, daß man sich das Hinuntersteigen spart und seine Verbeugung einfach oben macht. Das ist jedoch anmaßend. Deshalb frage ich nicht danach, ob ich unmodern erscheine, und richte mich nach wie vor nach der guten alten Sitte.«

4. Negative Tugenden

Der Meister war frei von vier Dingen: Er hatte keine Meinungen, keine Voreingenommenheit, keinen Starrsinn, keine Selbstsucht.

Der Meister lebte in der Wahrheit. Er wollte nichts anderes als den großen Zusammenhang der Kulturüberlieferung in seiner Zeit leuchten lassen; deshalb hatte er nie eine Privatmeinung, vielmehr war sein ganzes Denken in stetem Zusammenhang mit den Prinzipien der Wahrheit, in deren Dienst er stand. Er wollte nichts erzwingen, vielmehr richtete er sich in allen Dingen nach den Gesetzen der Vorsehung, die er in seinem Leben fand. Es gab für ihn keine Unmöglichkeiten, vielmehr blieb er in seinem ganzen Leben beweglich, zu tun, was die Verhältnisse erforderten. Es gab für ihn kein »Ich« in dem Sinn, daß er seine Persönlichkeit in den Vordergrund gestellt hätte. Vielmehr tauchte er ganz unter in seinem Beruf.

5. Gottvertrauen

Als der Meister in Kuang gefährdet war, sprach er: »Da König Wen nicht mehr ist, ist doch die Kultur mir anvertraut? Wenn der Himmel diese Kultur venichten wollte, so hätte ein spätgeborner Sterblicher sie nicht überkommen. Wenn aber der Himmel diese Kultur nicht vernichten will: was können dann die Leute von Kuang mir anhaben?«

Als der Meister auf seinen Wanderungen in Kuang bedroht wurde, sprach er zu seinen Jüngern: »Seid unbesorgt. Es handelt sich gar nicht um meine Person, es handelt sich um Gottes Sache. Seit die heiligen Herrscher des Altertums nicht mehr sind, ist ihre Wahrheit und die darauf begründete Kultur zum erstenmal mir wieder geoffenbart worden. Wenn es Gottes Wille wäre, diese Kultur untergehen zu lassen, so würde ich, durch so viele Jahrhunderte von jenen Zeiten getrennt, überhaupt nicht eingedrungen sein in diese Welt der Wahrheit. Da es also Gottes Wille nicht ist, daß diese Wahrheit untergeht, so brauchen wir uns vor menschlichen Zufälligkeiten nicht zu fürchten.«

6. Genie und Talente II: Der Minister

Ein Minister fragte den Dsï Gung und sprach: »Ist euer Meister nicht ein Genie? Wie zahlreich sind seine Talente!« Dsï Gung sprach: »In der Tat, wenn ihm der Himmel Gelegenheit gibt, wird er sich als Genie beweisen; außerdem hat er viele Talente.«

Der Meister hörte es und sprach: »Woher kennt mich denn der Minister? Ich hatte eine harte Jugend durchzumachen, deshalb erwarb ich mir mancherlei Talente. Aber das sind Nebensachen. Kommt es denn darauf an, daß der Edle in vielen Dingen Bescheid weiß? Nein, es kommt gar nicht auf das Vielerlei an.«

Lau sprach: »Der Meister pflegte zu sagen: ›Ich habe kein Amt; deshalb kann ich mich mit der Kunst beschäftigen.‹«

7. Der Meister und sein Wissen

Der Meister sprach: »Ich hätte (geheimes) Wissen? Ich habe kein (geheimes) Wissen. Wenn ein ganz gewöhnlicher Mensch mich fragt, ganz wie leer, so lege ich es von einem Ende zum andern dar und erschöpfe es.«

Der Meister sprach: »Ihr denkt, ich hätte geheimes Wissen, das ich für zu gut halte, um andern Anteil daran zu gönnen? Solches Wissen besitze ich nicht. Was ich weiß, das steht jedem zur Verfügung, der danach verlangt. Wenn ein ganz gewöhnlicher Mensch, ohne jede Vorkenntnisse, mich über etwas fragt, so setze ich ihm von Anfang bis zu Ende alles auseinander und verschweige ihm nichts, was ich darüber weiß. – Die Vorbedingung ist nur das Interesse auf Seiten des Lernenden; wo dieses Interesse und das aus diesem Interesse erwachsende Verständnis nicht erwartet werden kann, da ist es zwecklos, Belehrungen aufzudrängen. Daher der Schein, als ob ich das Wissen für mich zurückhalten wolle.«

8. Kein Zeichen

Der Meister sprach: »Der Vogel Fong kommt nicht, aus dem Fluß kommt kein Zeichen: Es ist aus mit mir!«

Der Meister sprach: »Aus alten Zeiten ist uns die Kunde überliefert, daß heilige Phönixvögel kamen und ihren Ruf ertönen ließen, daß geheime Zeichen ans Licht kamen auf dem Rücken der heiligen Schildkröte des gelben Flusses. Das waren Zeichen, daß ein heiliger Herrscher auf Erden weilte, der die Welt mit machtvoller Hand regierte. Diese Zeiten sind vorüber. Kein Zeichen vom Himmel deutet auf das Erscheinen eines solchen Herrschers. So gibt es denn für mich keinen Platz auf Erden, wo ich wirken könnte. Ich muß meine Hoffnung begraben.«

9. Ehrfurcht vor Rang und Unglück

Wenn der Meister jemand in Trauer sah, jemand im Hofgewand oder einen Blinden: so stand er bei ihrem Anblick auf, auch wenn sie jünger waren; mußte er an ihnen vorbei, so tat er es mit raschen Schritten.

10. Das Ideal und der Schüler

Yän Yüan seufzte und sprach: »Ich sehe empor, und es wird immer höher, ich bohre mich hinein, und es wird immer undurchdringlicher. Ich schaue es vor mir, und plötzlich ist es wieder hinter mir. Der Meister lockt freundlich Schritt für Schritt die Menschen. Er erweitert unser Wesen durch (Kenntnis der) Kultur, er beschränkt es durch (die Gesetze des) Geziemenden. Wollte ich ablassen, ich könnte es nicht mehr. Wenn ich aber alle meine Kräfte erschöpft habe und glaube es schon erreicht, so steht es wieder klar und fern. Und wenn ich noch so sehr ihm folgen möchte, es ist kein Weg dahin!«

11. Der Meister im Sterben

Der Meister war auf den Tod krank. Dsï Lu traf Veranstaltungen, daß die Jünger (beim Todesfall und beim Begräbnis) als Minister funktionieren sollten. Als die Krankheit etwas nachließ, sprach (der Meister): »Immer macht der Yu unaufrichtige Geschichten! Keine Minister zu haben, und tun, als hätte ich welche: wen wollen wir denn damit betrügen? Wollen wir etwa den Himmel betrügen? Und (meint ihr denn, ich möchte) in den Händen von Ministern sterben und nicht vielmehr in den Armen meiner getreuen Jünger? Und wenn ich auch kein fürstliches Begräbnis bekomme, so sterbe ich ja doch auch nicht auf der Landstraße.«

12. Der Edelstein

Dsï Gung sprach: »Wenn ich hier einen schönen Nephrit habe, soll ich ihn in einen Kasten stecken und verbergen oder soll ich einen guten Kaufmann suchen und ihn verkaufen?«
  Der Meister sprach: »Verkaufe ihn ja! Verkaufe ihn ja! Aber ich würde warten auf den Kaufmann.«

13. Die Barbaren

Der Meister äußerte den Wunsch, unter den neun Barbarenstämmen des Ostens zu wohnen. Jemand sprach: »Sie sind doch so roh; wie wäre so etwas möglich!« Der Meister sprach: »Wo ein Gebildeter weilt, kann keine Rohheit aufkommen.«

14. Reform der Musik

Der Meister sprach: »Nachdem ich von We nach Lu zurückgekehrt war, da wurde die Musik in Ordnung gebracht. Die Festlieder und Opfergesänge kamen alle an ihren rechten Platz.«

15. Der Geist der Lebenskunst

Der Meister sprach: »Nach außen dem Fürsten und Vorgesetzten dienen, nach innen dem Vater und älteren Bruder dienen, bei Trauerfällen gewissenhaft alle Gerechtigkeit erfüllen, [bei Festen] sich vom Wein nicht überkommen lassen: was kann ich dazu tun?«

Die wahre Lebenskunst hat nur der erreicht, der in allen Situationen Takt besitzt und auf diese Weise ganz von selbst sich richtig benimmt. Dieser Takt wird ihn leiten in der Öffentlichkeit bei seinem amtlichen Verkehr mit Fürsten und Vorgesetzten. Dieser feine Takt ist aber ebenso nötig im häuslichen Kreise im Verkehr mit Eltern und Brüdern. Dieser selbe Takt gibt den Ernst der Gesinnung, der in Trauerfällen den Heimgegangenen die letzten Liebespflichten gewissenhaft widmet. Durch diesen Takt, der die Schranken des Geziemenden kennt, wird man bewahrt, sich vom Rausch der Festfreude und des Weins überwältigen zu lassen. Aber wie gesagt: dieser Takt ist etwas, das im Menschen selber leben muß. Er kann ihm nicht mechanisch von außen beigebracht werden.

16. *Der Fluß*

Der Meister stand an einem Fluß und sprach: »So fließt alles dahin wie dieser Fluß ohne Aufhalten Tag und Nacht!«

17. *Himmlische und irdische Liebe*

Der Meister sprach: »Ich habe noch keinen gesehen, der moralischen Wert liebt ebenso, wie er die Frauenschönheit liebt.«

Das Interesse des Fürsten kann nicht auf zweierlei Dinge gleichzeitig gerichtet sein, er kann nicht gleichzeitig seine Neigung Menschen von moralischer Tüchtigkeit zuwenden, die seinen Staat zu reformieren imstande wären, und dabei doch seine privaten Liebesaffären wichtig nehmen. Es scheint jedoch, als ob letzteres bei den meisten Fürsten vorgehe.

18. *Stillstand und Fortschritt: Der Berg*

Der Meister sprach: »Nehmt zum Vergleich einen Hügel, der fertig ist bis auf einen Korb Erde; bleibt es dabei, so bedeutet es für mich einen Stillstand. Nehmt zum Vergleich den ebenen Grund, es mag erst ein Korb Erde aufgeworfen sein; geht es weiter, so bedeutet es für mich einen Fortschritt.«

Im Buch der Urkunden heißt es: »Wenn du nicht in kleinen Dingen gewissenhaft bist, so wird in der Folge dein ganzes moralisches Selbst in großen Dingen Schaden nehmen. Häuft man einen Hügel auf von neun Faden Höhe, so kann unter Umständen das Werk unvollendet bleiben aus Mangel an einem Korb Erde.«

Der Meister bemerkte dazu: »Der geistige Stillstand oder Fortschritt hat nichts zu tun mit der in der Vergangenheit schon geleisteten Arbeit. Das geistige Leben ist etwas Überzeitliches und darum immer Gegenwärtiges und kann nur an der Gegenwart gemessen werden. Hat man z. B. den Hügel schon fertig, und es fehlt nur noch ein Korb Erde, und hört dann auf, so ist es Stillstand; hat man eben erst angefangen und erst einen Korb aufgeschüttet und macht weiter, so ist es Fortschritt. So ist es auch im geistigen Leben. Die Bewegung nach vorwärts bedeutet den Fortschritt, ganz einerlei wie viel oder wie wenig schon erreicht ist. Und das Aufhören des Strebens bedeutet den Stillstand und geistigen Tod, ganz einerlei, auf welcher Stufe der Leistungen er eintritt.«

19. Beharrlichkeit [Yän Hui]

Der Meister sprach: »Wenn man mit ihm sprach, niemals zu erlahmen: das war Huis Art!«

20. Beständiger Fortschritt [Yän Hui]

Der Meister sagte in Beziehung auf Yän Yüan: »Ach, ich habe ihn (immer) fortschreiten sehen, ich habe ihn nie stillstehen sehen!«

21. Blüten ohne Früchte

Der Meister sprach: »Daß manches keimt, das nicht zum Blühen kommt, ach, das kommt vor! Daß manches blüht, das nicht zum Reifen kommt, ach, das kommt vor!«

22. Ehrfurcht vor dem kommenden Geschlecht

Der Meister sprach: »Vor dem spätergeborenen Geschlecht muß man heilige Scheu haben. Wer weiß, ob die Zukunft es nicht der Gegenwart gleichtun wird? Wenn einer aber vierzig, fünfzig Jahre alt geworden ist, und man hat noch nichts von ihm gehört, dann freilich braucht man ihn nicht mehr mit Scheu zu betrachten.«

23. Zustimmung und Tat

Der Meister sprach: »Worte ernsten Zuredens: wer wird denen nicht zustimmen? Aber worauf es ankommt, das ist Besserung [des Lebens]. Worte zarter Andeutung: wer wird die nicht freundlich anhören? Aber worauf es ankommt, das ist ihre Anwendung [auf die Praxis]. Freundliches Anhören ohne Anwendung, Zustimmung ohne Besserung: was kann ich damit anfangen?«

24. Treu und Glauben

Der Meister sprach: »Mache Treu und Glauben zur Hauptsache, habe keinen Freund, der dir nicht gleich ist. Hast du Fehler, scheue dich nicht, sie zu verbessern.«

Wörtliche Wiederholung der zweiten Hälfte von I, 8.

25. Die Macht des Kleinsten

Der Meister sprach: »Einem Heer von drei Armeen kann man seinen Führer nehmen; dem geringsten Mann aus dem Volk kann man nicht seinen Willen nehmen.«

Es ist ein großer Unterschied, mit wem man es zu tun hat. Die bloße Menge, wenn sie ohne eignes Urteil einem Führer folgt, ist nicht wichtig. Man kann ihr den Führer nehmen, und sie ist willenlos. Wo es sich aber um einen entschlossenen Willen handelt, da muß man vorsichtig sein. Hier endet die Macht auch des mächtigsten Herrschers seinem geringsten Untertan gegenüber.

26. Dsï Lus Lob und Tadel

Der Meister sprach: »Mit einem ärmlichen hänfenen Rock bekleidet zu sein und an der Seite von andern zu stehen, die kostbares Pelzwerk tragen, ohne sich zu schämen: das bringt Yu fertig.

> ›Der keinem schadet, nichts begehrt,
> Wie tät' er nicht, was gut und recht?‹«

Dsï Lu sang darauf die Strophe dauernd vor sich hin. Der Meister sprach: »Dieser Weg allein führt aber noch nicht bis zur Vollkommenheit.«

27. Im Winter

Der Meister sprach: »Wenn das Jahr kalt wird, dann erst merkt man, daß Föhren und Lebensbäume immergrün sind.«

In gewöhnlichen Zeiten unterscheidet sich der begabte Streber äußerlich oft nicht so sehr von dem überlegenen Charakter. Er ist anstelliger, läßt sich leichter verwenden, aber – er ist nicht wetterhart.

28. Der dreifache Sieg

Der Meister sprach: »Weisheit macht frei von Zweifeln, Sittlichkeit macht frei von Leid, Entschlossenheit macht frei von Furcht.«

Drei übermächtige Feinde bedrohen das Menschenleben, die im eignen Innern sind. Nicht äußere Not und Mißgeschick an sich sind es, was den Menschen zugrunde richtet, sondern nur ihre Wirkung auf die Seele. Die ungeordnete Fülle der Eindrücke der Außenwelt bringt den Intellekt in Verwirrung. Die Berührung mit widrigen Verhältnissen und Menschen bringt das Leid in das Gemüt, der überwältigende Eindruck der Abhängigkeit von unberechenbaren Mächten lähmt den Willen durch die Furcht. Aber der Mensch hat in sich die Kraft, die Herrschaft in seinem Innern zu erlangen und die verwirrenden Eindrücke von außen her so zu ordnen, daß ihre Wirkungen ihm nicht mehr schaden können. Er hat die Wissenschaft, durch die er den Stoff der Erfahrung gestaltet, so daß vor ihrem Licht die verwirrenden Unklarheiten verschwinden. Er hat die Sittlichkeit, die ihn über die engen Schranken des kleinen Ichs hinaushebt, so daß er sein Leid vergißt in dem großen Weltzusammenhang. Er hat die Erziehung des Willens zur Entschlossenheit, die vom klar erfaßten Ziel sich durch keine Furcht und kleinlichen Bedenken abbringen läßt.

29. Genossen auf dem Lebensweg

Der Meister sprach: »Manche können mit uns gemeinsam lernen, aber nicht gemeinsam mit uns die Wahrheit erreichen. Manche können mit uns gemeinsam die Wahrheit erreichen, aber nicht gemeinsam mit uns sich festigen. Manche können gemeinsam mit uns sich festigen, aber nicht gemeinsam mit uns (die Ereignisse) abwägen.«

Wer sich im Leben weiterentwickelt, wird manche Genossen finden, die gemeinsam mit ihm eine Zeitlang weitermachen, aber zurückbleiben, wenn er neuen Stufen zustrebt. Dieses Abschiednehmen von Zurückbleibenden ist das Los der Vorwärtsschreitenden. In der Jugend, wenn wir das Ziel erst suchen und lernen, da haben wir viele Genossen. Aber viele von ihnen wenden sich hier schon ab und streben andern Zielen zu. Aber doch gibt es noch eine ganze Anzahl, die gemeinsam mit uns die Erkenntnis der Wahrheit sich als Ziel gesetzt. Doch abermals bleiben viele zurück, wenn es sich darum handelt, die erkannte Wahrheit zum festen Grund des Lebens zu machen, die Wahrheit durchzusetzen im Leben. Doch auch in diesen Bemühungen haben wir noch einige Genossen. Aber wie viele unter ihnen werden uns noch treu bleiben, wenn es sich nicht mehr nur um Vertretung allgemeiner Prinzipien handelt, sondern um individuelles Verständnis der Menschenschicksale, gemessen an den ewigen Ordnungen Gottes?

30. Fernes Gedenken

»Die roten Kirschenblüten
Schließen der Kelche Rand.
Wie wollt' ich dein nicht gedenken
Fern, ach, im Heimatland!«

Der Meister sprach: »Das ist noch kein wirkliches Gedenken. Was könnte dem die Ferne tun?«

BUCH X
HIANG DANG

Dieses Buch zeigt den Meister nur von der Seite seines Privatlebens (und seiner offiziellen äußeren Tätigkeit). Es bringt viel Interessantes, wenn auch mehr zeitgeschichtliches als biographisches Material. Äußerlich charakteristisch ist, daß Kung im ganzen Buch nur einmal als »der Meister« bezeichnet wird, sonst durchweg als »Meister Kung« oder »der Edle«. Das läßt vermuten, daß es aus einer anderen Quelle stammt als die übrigen. Dafür spricht auch die Art der Erzählung, die biographisch-porträtierende Beschreibung, sowie schon äußerlich der Umstand, daß das ganze Buch ursprünglich einen einzigen Abschnitt bildete und erst später in 17 Abschnitte eingeteilt wurde. Es existieren sorgfältige Spezialwerke über das Buch. Die minutiöse Detailschilderung berührt den Europäer fremdartig, doch darf man nicht vergessen, daß daran z. T. das ungewohnte, spezifisch chinesische Kolorit die Hauptschuld trägt. Chinesische Kommentatoren sind entzückt über diese Details, die den Meister so deutlich vor Augen malen. Wichtig ist das Buch als Beleg dafür, wie sorgfältig Kung auf Übereinstimmung zwischen Theorie und Praxis seines Lebens gehalten hat. Hierin charakterverwandt mit Immanuel Kant. Die Authentizität großer Abschnitte unterliegt jedoch schweren kritischen Bedenken.

1. Kungs Redeweise zu Hause und bei Hofe

Meister Kung war in seinem Heimatorte in seinem Wesen voll anspruchsloser Einfachheit, als könnte er nicht reden. Im Tempel und bei Hofe dagegen sprach er fließend, aber mit Überlegung.

2. Verkehr mit Beamten und Fürsten

Bei Hofe sprach er mit den (ihm gleichgeordneten) Ministern zweiten Rangs frei und ungezwungen, mit den Ministern ersten Grades präzis und sachlich. Wenn der Fürst eintrat, war er in seinem Benehmen ehrfurchtsvoll, doch gefaßt.

3. Bei Staatsbesuchen

Wenn ihn der Fürst zum Empfang eines Gastes befahl, so wurde seine Miene ernst, und seine Schritte waren geschwind. Bei den Verbeugungen vor den nebenstehenden Beamten wandte er die zum Gruß erhobenen Hände nach links und rechts. Seine Kleidung blieb dabei vorn und hinten in Ordnung. (Beim Geleiten der Gäste) eilte er voran und (seine Arme waren) in leichter Schwingung. Nachdem der Gast sich zurückgezogen, machte er stets die Meldung: »Der Gast sieht sich nicht mehr um«.

4. Während der Audienz

Wenn er durch das Palasttor trat, so beugte er sich, gleich als ob er kaum hindurch käme. Beim Stehen vermied er den Platz gegenüber von der Mitte des Tors, beim Durchschreiten (des Tors) trat er nicht auf die Schwelle. Wenn er am (leeren, äußeren) Thron vorbeikam, so wurde seine Miene ernst, und seine Schritte waren geschwind, er redete im Flüsterton. Er hielt sorgfältig den Saum seines Kleides empor, wenn er zur Audienzhalle hinaufstieg. Er beugte sich und hielt den Atem an, gleich als wagte er nicht Luft zu schöpfen. Wenn er (von der Audienzhalle wieder herauskam und) die erste Stufe herabgestiegen war, so löste sich die Spannung in seinen Zügen, und er hatte einen heiteren Ausdruck. Unten an den Stufen angekommen, eilte er vorwärts (und seine Arme waren) in leichter Schwingung. So kehrte er an seinen Platz zurück mit ehrfurchtsvollem Gesichtsausdruck.

5. Benehmen bei diplomatischen Missionen

Wenn er das Zepter (seines Fürsten) zu tragen hatte, so beugte er sich, gleich als sei er nicht fähig (es zu tragen). Er hob es nicht höher, als man die Hand zum Gruß erhebt (in Augenhöhe), und senkte es nicht tiefer, als man die Hand beim Überreichen einer Gabe ausstreckt (in Brusthöhe). Seine Miene war ernst und devot, seine Schritte waren langsam und gemessen. Beim Überreichen der Geschenke hatte er ein mildes Wesen. Bei der Privataudienz war er freundlich und heiter.

6. Kleiderregeln

Der Edle nahm kein Blaurot oder Schwarzrot zum Kleiderausputz. Gelbrot und violett nahm er nicht (einmal) für seine Hauskleider. In der heißen Zeit trug er ungefütterte, gazeartige linnene Gewebe, aber beim Ausgehen zog er immer noch ein Kleidungsstück darüber an. Dunkelbraune Kleidung trug er zusammen mit schwarzem Lammpelz, ungefärbte Kleidung mit Rehpelz, gelbe Kleidung mit Fuchspelz. Zu Hause trug er lange Pelzkleider, woran der rechte Ärmel kurz war. Er trug immer Nachthemden, die anderthalb Körperlängen hatten. Beim Aufenthalt zu Hause gebrauchte er dicke Fuchs- oder Dachspelze. Außer bei Trauerfällen trug er sämtliche Nephritschmuckstücke. Außer bei den ungenähten Opfergewändern hatte er immer nach der Figur genähte Kleider. Schwarzen Lammpelz und dunkle Kopfbedeckung trug er nicht, wenn er Trauerbesuche machte. Zum Monatsanfang zog er Galakleidung an und stellte sich bei Hofe vor.

7. Das Fasten

Beim Fasten hatte er immer reine Kleider von Linnen. Beim Fasten änderte er immer die Speise und verließ seinen (gewöhnlichen) Aufenthaltsplatz.

8. Das Essen

Beim Essen verschmähte er es nicht, auf Reinigung (des Reises zu halten), beim Hackfleisch verschmähte er es nicht, auf Feinheit (zu halten). Reis, der verdorben war und schlecht, Fisch, der alt, und Fleisch, das nicht mehr frisch war, aß er nicht. Was eine schlechte Farbe hatte, aß er nicht. Was einen schlechten Geruch hatte, aß er nicht. Was nicht richtig gekocht war, aß er nicht. Was nicht der Zeit entsprach, aß er nicht. Was nicht richtig geschlachtet war oder nicht die richtige Sauce hatte, aß er nicht. Wenn das Fleisch auch viel war, ließ er es nicht den Geschmack des Reises verdecken. Nur im Weintrinken legte er sich keine Beschränkung auf, doch ließ er sich nicht von ihm verwirren. Gekauften Wein und Dörrfleisch vom Markt genoß er nicht. Er hatte stets Ingwer beim Essen. Er aß nicht viel. Wenn er beim fürstlichen Opfer anwesend war, behielt er (den ihm zugewiesenen Anteil an) Fleisch nicht über Nacht. Opferfleisch ließ er nicht länger als drei Tage liegen. Was über drei Tage alt war, das wurde nicht gegessen. Beim Essen diskutierte er nicht. Im Bett redete er nicht. Wenn er auch nur einfachen Reis und Gemüsesuppe und Gurken hatte, so brachte er doch ehrfurchtsvoll ein Speiseopfer dar.

9. Die Matte

War die Matte nicht gerade, so setzte er sich nicht.

10. Dorffeste

Wenn die Dorfgenossen zusammen tranken und die Alten aufbrachen, so brach er auf.

Wenn die Dorfgenossen den Reinigungsumzug hielten, so kleidete er sich in Hoftracht und stellte sich auf die östliche Treppe seines Hauses.

11. Boten

Wenn er jemand mit Grüßen in einen Nachbarstaat sandte, so verneigte er sich zweimal vor ihm und geleitete ihn.

Freiherr Kang sandte ihm Medizin. Er empfing sie mit einer Verbeugung und sprach: »Ich kenne ihre Wirkung nicht, deshalb wage ich nicht, sie zu kosten.«

12. Der Stallbrand

Einst brannte sein Stall. Der Meister kam von Hofe zurück und fragte: »Ist auch nicht etwa ein Mensch verletzt?« Er fragte nicht nach (dem Verlust an) Pferden.

13. Ehrungen durch den Fürsten

Wenn der Fürst ihm eine Speise sandte, so rückte er die Matte gerade und kostete sie zuerst. Wenn der Fürst ungekochtes Fleisch sandte, so ließ er es kochen und brachte es (seinen Ahnen) dar. Wenn der Fürst ein lebendes Tier sandte, so hielt er es lebend. Wenn er vom Fürsten zum Essen befohlen war und der Fürst die Dankspende dargebracht hatte, kostete er alle Speisen zuerst.

Wenn er krank war und der Fürst ihn besuchte, so legte er sich mit dem Kopf nach Osten, legte die Hofkleidung über sich und zog den Gürtel darüber. Wenn ihn der Fürst (zu Hof) befahl, so wartete er nicht, bis angespannt war, sondern ging zu Fuß voran.

14. Im königlichen Heiligtum

Wenn er das königliche Heiligtum betrat, erkundigte er sich nach jeder einzelnen Verrichtung.

15. Verhältnis zu Freunden

Wenn ein Freund gestorben war, der keine Angehörigen hatte, so sprach er: »Überlaßt es mir, ihn zu begraben.«

Wenn ein Freund ihm etwas schenkte, und waren es selbst Pferde und Wagen: wenn es nicht Opferfleisch war, so machte er keine Verbeugung.

16. Das Äußere. Benehmen

Im Bett lag er nicht (steif wie) ein Leichnam. Im täglichen Leben war er nicht formell.

Wenn er jemand in Trauer sah, so änderte er (seinen Gesichtsausdruck), auch wenn er ein guter Bekannter war. Wenn er einen in Hofkopfbedeckung oder einen Blinden sah, so benahm er sich höflich, auch wenn er ihnen oft begegnete.

Einen Leichenzug grüßte er (wenn er selbst im Wagen fuhr) durch (Verbeugung bis zur) Querstütze. Ebenso begrüßte er die (Leute, welche die) Volkszählungslisten trugen.

Wenn er bei einem reichen Mahl (zu Gaste) war, so änderte er seinen Ausdruck und erhob sich.

Bei einem plötzlichen Donnerschlag oder einem heftigen Sturm änderte er stets (seinen Gesichtsausdruck).

17. Im Wagen

Wenn er den Wagen bestieg, stand er gerade und hielt das Handseil. Im Wagen sah er nicht nach innen, sprach nicht hastig und deutete nicht mit dem Finger.

18. Die Fasanenhenne

»Ein Anblick, und es steigt empor,
Es fliegt umher und läßt sich wieder nieder.«

Er sprach: »Auf der Bergbrücke eine Fasanenhenne. Zu ihrer Zeit! Zu ihrer Zeit!«
Dsï Lu brachte sie dar. Er roch dreimal und erhob sich.

BUCH XI
SIAN DSIN

Dieses Buch enthält eine Reihe von wirklichen Gesprächen des Meisters mit seinen Jüngern. Es zeigt ihn im Verkehr mit den Seinen. Dabei zeigt sich eine ganz spezielle Richtung. Dsong Schen, der sonst so viel genannte und als orthodox anerkannte Fortsetzer der Lehren Kungs, tritt in diesem Buch ganz zurück. Dagegen tritt neben Yän Hui, dessen Platz unbestritten bleibt, eine andre Gestalt in den Vordergrund, Min Dsï Kiän, der sogar einmal ausdrücklich den Ehrentitel »Meister« erhält. Das läßt darauf schließen, daß zum mindesten ein Teil des überlieferten Stoffs der Schule dieses Jüngers entstammt. Literarisch steht das Buch XI sehr hoch, wie ein Vergleich der beiden Genreszenen V, 25 und XI, 25 auf den ersten Blick ergibt. Was dort stammelnd angedeutet ist, ist hier mit vollendeter Kunst in Durchbildung der Situation und Individualisierung der einzelnen Persönlichkeiten zum Ausdruck gebracht. Herkömmlicherweise beginnt es den zweiten Teil der »Gespräche«.

1. Alte und neue Zeit

Der Meister sprach: »Die früheren Geschlechter waren in Kultur und Musik rohe Menschen, die späteren Geschlechter sind in Kultur und Musik gebildet. Wenn ich (diese Dinge) auszuüben habe, so folge ich den früheren Geschlechtern.«

Der Meister sprach: »Wir sind uns in unseren Tagen mit Stolz bewußt, wieweit wir es gebracht haben in der Verfeinerung der gesamten Kultur und in der Vervollkommnung der Kunst, und so sehen wir mit einem etwas geringschätzigen Mitleid herab auf die Zeiten der Großväter, die die Formen der Kultur und die Ausdrucksmöglichkeiten in der Kunst erst mühsam schaffen mußten und daher an Glätte und Gewandtheit so weit zurückstehen hinter unsrer fortgeschrittenen Zeit. Und dennoch muß ich gestehen, daß ich mich gegebenenfalls an die Art der alten Zeiten halte.«

2. Die Jünger der Wanderzeit

Der Meister sprach: »Von denen, die mir folgten in Tschen und Tsai, kommt keiner mehr zu meiner Tür.«
 Ethisch hochstehend waren: Yän Yüan, Min Dsï Kiän, Jan Be Niu, Dschung Gung; rhetorisch begabt waren Dsai Wo und Dsï Gung; politisch tätig waren: Jan Yu und Gi Lu; ästhetisch und literarisch begabt waren: Dsï Yu und Dsï Hia.

Der Meister sprach: »Die Zeiten wechseln und die Menschen. Einst auf meinen Wanderungen war ich auch in den schlimmsten Tagen von Getreuen umgeben, die die Gefahren mit mir teilten. Wo sind sie hin? Teils gestorben, teils im Amt, teils in ihrer Heimat, aber keiner ist mehr um mich.«

3. Yän Huis Auffassungsgabe

Der Meister sprach: »Hui hilft mir nicht. Mit allem, was ich sage, ist er einverstanden (so daß sich nie eine Diskussion entspinnen kann).«

4. Min Dsï Kiäns Pietät

Der Meister sprach: »»Gehorsam wahrhaftig ist Min Dsï Kiän!« Damit sagen die Leute nichts anderes als seine eigenen Eltern und Brüder.«

5. Nan Yungs Besonnenheit und ihr Lohn

Nan Yung wiederholte häufig das Lied vom weißen Zepterstein. Meister Kung gab ihm die Tochter seines älteren Bruders zur Frau.

6. Welcher ist der Größte unter den Jüngern?

Der Freiherr Gi Kang fragte, wer unter den Jüngern das Lernen liebe. Meister Kung entgegnete und sprach: »Da war Yän Hui, der liebte das Lernen. Zum Unglück war seine Zeit kurz, und er ist gestorben. Jetzt gibt es keinen mehr«.

7. Rücksicht auf die Lebenden

Als Yän Yüan gestorben war, bat Yän Lu um des Meisters Wagen, um dafür einen Sarkophag zu beschaffen. Der Meister sprach: »Begabt oder unbegabt: jedem steht doch sein Sohn am nächsten. Als (mein Sohn) Li starb, hatte er einen Sarg, aber keinen Sarkophag; ich kann nicht zu Fuß gehen, um einen Sarkophag zu kaufen. Nachdem ich ein öffentliches Amt bekleidet habe, geht es nicht an, daß ich zu Fuß gehe«.

8. Gottverlassenheit

Als Yän Yüan starb, sprach der Meister: »Wehe, Gott verläßt mich, Gott verläßt mich«.

9. Des Meisters Tränen um Yän Hui

Als Yän Hui starb, brach der Meister in heftiges Weinen aus. (Die Schüler in) seiner Umgebung sagten: »Der Meister ist zu heftig.« Der Meister sprach: »Klage ich zu heftig? Wenn ich um diesen Mann nicht bitterlich weine, um wen sollte ich es dann tun?«

10. Yän Huis Beerdigung

Als Yän Yüan gestorben war, wollten die Jünger ihn prächtig beerdigen. Der Meister sagte, sie sollten es nicht tun. Aber die Jünger beerdigten ihn prächtig. Der Meister sprach: »Hui hat mich immer wie einen Vater behandelt; mir war es nicht vergönnt, ihn wie meinen Sohn zu behandeln. Aber nicht an mir lag es, sondern an euch, ihr meine Jünger«.

11. Tod und Leben

Gi Lu fragte über das Wesen des Dienstes der Geister. Der Meister sprach: »Wenn man noch nicht den Menschen dienen kann, wie sollte man den Geistern dienen können!«

(Dsï Lu fuhr fort): »Darf ich wagen, nach dem (Wesen) des Todes zu fragen?« (Der Meister) sprach: »Wenn man noch nicht das Leben kennt, wie sollte man den Tod kennen?«

Dsï Lu fragte nach dem Wesen des Ahnendienstes. Der Meister sprach: »Es ist ein müßiges Unterfangen, sich auf theoretische Erörterungen über die metaphysische Art der Beziehungen der Gegenwart zur Vergangenheit einzulassen. Was durch den Ahnendienst seinen äußeren Ausdruck findet, das ist die Gesinnung der Ehrfurcht, welche schlechthin für den Menschen Pflicht ist. Aus dieser Ehrfurcht der Gesinnung entspringt das rechte Verhalten gegen die lebenden Autoritäten. Dieselbe Gesinnung, weil schlechthinnige Pflicht, zeigt sich auch über das Grab hinaus, weil eine ewige Wahrheit nicht von zeitlichen Bedingungen beeinflußt werden kann. Wer aber seine Eltern nicht ehrt, die er sieht, wie kann der den Ahnen dienen, die er nicht sieht?«

Dsï Lu fragte weiter über das Wesen des Todes. Der Meister vermied auch hierauf eine direkte Antwort, indem er sprach: »Unsere Aufgabe ist es, das Erforschliche zu erforschen und das Unerforschliche ruhig zu verehren. Das Leben ist ein Gebiet, von dem wir unsere Kenntnis durch Erfahrung erweitern können, während die Zustände nach dem Tod jenseits der Grenze wissenschaftlicher Erkenntnis liegen. Deshalb ist es unsre Pflicht, uns zunächst an das Gegebene zu halten: das Leben, und die Erkenntnis der jenseitigen Dinge so lange zurückzustellen, bis sich uns die entsprechenden Erfahrungen darbieten«.

12. *Im Kreis der Seinen*

Meister Min stand zu seiner Seite mit ruhigem, gesetztem Gesichtsausdruck, Dsï Lu blickte mutig drein, Jan Yu und Dsï Gung offen und frei.

Der Meister freute sich. (Doch sprach er:) »Dieser Yu (Dsï Lu) wird einmal nicht eines natürlichen Todes sterben«.

13. Urteile über die Jünger I:
Min Dsï Kiän. Das lange Schatzhaus

Die Leute von Lu bauten das lange Schatzhaus (neu). Min Dsï Kiän sprach: »Wie wäre es, wenn man das alte erhalten würde? Warum muß man durchaus ein andres bauen?« Der Meister sprach: »Dieser Mann redet selten, aber wenn er redet, trifft er (das Rechte)«.

14. Urteile über die Jünger II:
Dsï Lus Lautenspiel

Der Meister sprach: »Die Laute Yus, was hat sie in meinem Tor zu tun?« Da achteten die Jünger den Dsï Lu gering. Der Meister sprach. »Yu ist immerhin zur Halle emporgestiegen, wenn er auch die inneren Gemächer noch nicht betreten hat«.

15. Urteile über die Jünger III:
Dsï Dschang und Dsï Hia. Zu wenig und zu viel

Dsï Gung fragte: »Schï oder Schang, wer ist besser?« Der Meister sprach: »Schï geht zu weit, Schang bleibt zurück.« (Dsï Gung) sprach: »Dann ist also wohl Schï der Überlegene.« Der Meister sprach: »Zu viel ist grade so (falsch) wie zu wenig«.

16. Urteile über die Jünger IV: Jan Kiu im Dienst

»Der Freiherr Gi ist reicher als die Fürsten Dschous, und Kiu sammelt für ihn die Steuern ein und vermehrt seine Habe«, sprach der Meister, »das ist kein Jünger von mir. Meine Kinder, ihr möget die Trommel schlagen und ihn angreifen«.

17. Urteile über die Jünger V:
Dsï Gau, Dsong Schen, Dsï Dschang, Dsï Lu

Tschai ist töricht, Schen ist beschränkt, Schi ist eitel, Yu ist roh.

18. Urteile über die Jünger VI:
Yän Hui und Dsï Gung. Schätze im Himmel und auf Erden

Der Meister sprach: »Hui, der wird es vielleicht (erreichen). Er ist stets leer. Sï hat nicht die Bestimmung empfangen, und seine Güter mehren sich. Wenn er etwas plant, so (gelingt es ihm) stets zu treffen.«

Der Meister sprach: »Yän Hui steht der Wahrheit am nächsten. In seinen Lebensverhältnissen gehört er zu den Armen. In seinem Wesen ist er demütig und frei von Eitelkeiten. Dsï Gung gehört nicht zu den Auserwählten, aber seine Güter mehren sich fortgesetzt, und was er plant, das gelingt«.

19. Talent und Genie

Dsï Dschang fragte über den Pfad des »guten Menschen«. Der Meister sprach: »Er wandelt nicht in den Spuren anderer, hat auch nicht die inneren Gemächer betreten.«

Dsï Dschang fragte nach dem Wesen des Talentes im Unterschied vom Genie. Der Meister sprach: »Wer Talent hat, kann selbst etwas produzieren. Aber trotz dieser über den Durchschnitt hervorragenden Begabung trennt ihn doch noch ein weiter Abstand von dem Kreise der inneren Berufenen, die intuitiv die Wahrheit erkennen wie die heiligen Könige des Altertums, da ihm der Zusammenhang mit der Tradition und der Kulturüberlieferung fehlt.«

20. Gehalt der Rede

Der Meister sprach: »Worte: sind sie ehrlich und wahr? Ist, der sie spricht, ein Edler? Oder ist er (nur) äußerlich anständig?«

Man darf sich durch die Worte eines Menschen nicht blenden lassen. Es kommt alles darauf an, daß auch wirklich die Persönlichkeit dahinter steht. Je nachdem dies der Fall ist oder nicht, kann dieselbe Rede das Zeichen eines Charakters sein oder aber ein Zeichen dafür, daß der Redende es versteht, durch geschickt gewählte Äußerungen bewußtermaßen auf einen bestimmten Eindruck hinzuarbeiten.

21. Individuelle Behandlung
(Dsï Lu und Jan Kiu)

Dsï Lu fragte, ob er (die Lehren), die er gehört, sofort in die Tat umsetzen solle. Der Meister sprach: »Du hast doch noch Vater und Bruder (auf die du Rücksicht nehmen mußt). Wie kannst du da alles Gehörte sofort ausführen?«

Jan Yu fragte (ebenfalls), ob er (die Lehren), die er gehört, sofort in die Tat umsetzen solle. Der Meister sprach: »Ja, hast du etwas gehört, so handle auch danach.«

Gung Si Hua (hatte beides mit angehört und) sprach: »Yu fragte, ob er das Gehörte sofort ausführen solle. Da sprach der Meister: ›Du hast doch noch Vater und Bruder.‹ Kiu fragte, ob er das Gehörte sofort ausführen solle. Da sprach der Meister: ›Hast du etwas gehört, so handle auch danach.‹ Ich bin deshalb im Unklaren und erlaube mir, um Aufschluß zu bitten.« Der Meister sprach: »Kiu ist zögernd, deshalb muß man ihn antreiben; Yu hat einen Überschuß an Tatendrang, deshalb muß man ihn zurückhalten.«

22. Bescheidenheit

Als der Meister in Kuang in Gefahr war, blieb Yän Yüan zurück. Der Meister sprach: »Ich dachte schon, du seiest umgekommen.« Da sprach er: »Solange der Meister am Leben ist, wie könnte ich da wagen zu sterben?«

23. Strenges Urteil

Gi Dsï Jan fragte über Dschung Yu (Dsï Lu) und Jan Kiu (Jan Yu), ob man sie als bedeutende Staatsmänner bezeichnen könne. Der Meister sprach: »Ich dachte, der Herr würde etwas Außerordentliches zu fragen haben; nun ist es nur die Frage nach Yu und Kiu. Wer den Namen eines bedeutenden Staatsmannes verdient, der dient seinem Fürsten gemäß der Wahrheit; wenn das nicht geht, so tritt er zurück. Was nun Yu und Kiu anlangt, das sind einfach Angestellte.« Da sprach jener: »Dann folgen sie also (in allen Stücken)?« Der Meister sprach: »Bei einem Vatermord oder Fürstenmord werden sie doch nicht folgen.«

24. Notwendigkeit geistiger Reife

Dsï Lu stellte den Dsï Gau als Beamten des Kreises Bi (Fe) an. Der Meister sprach: »Du verdirbst das Menschenkind.« Dsï Lu sprach: »Da hat er eine Bevölkerung (zu regieren) und den Göttern des Landes und des Korns zu opfern – warum muß man denn nur immer hinter Büchern sitzen, um sich zu bilden?« Der Meister sprach: »[Diese Menschen haben doch immer eine Ausrede!] Das ist's, warum ich diese zungenfertige Art nicht leiden kann.«

25. Herzenswünsche

Dsï Lu, Dsong Si, Jan Yu und Gung Si Hua saßen (mit dem Meister) zusammen. Da sprach der Meister: »Obwohl ich ein paar Tage älter bin als ihr, so nehmet mich nicht so. Ihr sagt immer: ›Man kennt uns nicht.‹ Wenn euch nun ein (Herrscher) kennen würde (und verwenden wollte), was würdet ihr dann tun?«

Dsï Lu fuhr sogleich heraus: »Wenn es ein Reich von tausend Streitwagen gäbe, das eingeklemmt wäre zwischen mächtigen (Nachbar-)Staaten, das außerdem von großen Heeren bedrängt wäre und überdies unter Mangel an Brot und Gemüsen litte: wenn ich es zu regieren hätte, so wollte ich es in drei Jahren soweit gebracht haben, daß (das Volk) Mut hat und seine Pflicht kennt.« Der Meister lächelte. »Und Kiu, was sagst du?« (Jan Kiu) antwortete: »Ein Gebiet von 60 bis 70 Meilen im Geviert, oder sagen wir 50 bis 60 Geviertmeilen: wenn ich das zu regieren hätte, so getraute ich mir wenigstens, es in drei Jahren soweit zu bringen, daß das Volk genug zu leben hat. Was die Pflege der Kultur und Kunst betrifft, die muß ich einem besseren Manne nach mir überlassen.«

»Und Tschï, was sagst du?« (Gung Si Hua) antwortete: »Ich sage nicht, daß ich es schon kann, aber lernen möchte ich es: im kaiserlichen Ahnentempel und bei kaiserlichen Audienzen im Festgewand und Barett wenigstens als niedriger Gehilfe zu dienen, das ist mein Wunsch.«

»Diän, was sagst du?« Dsong Si verlangsamte sein Lautenspiel, ließ die Laute verklingen und legte sie beiseite. Dann stand er auf und sprach: »Ach, (meine Wünsche) sind verschieden von den Plänen dieser drei Freunde.« Der Meister sprach: »Was schadet es? Ein jeder soll seines Herzens Wünsche aussprechen.« Da sagte er: »Ich möchte im Spätfrühling, wenn wir die leichteren Frühlingskleider tragen, mit fünf oder sechs erwachsenen Freunden und ein paar Knaben im Flusse baden und im heiligen Hain des Lufthauchs Kühlung genießen. Dann würden wir ein Lied zusammen singen und heimwärts ziehen.« Der Meister seufzte und sprach: »Ich halte es mit Diän.«

Die drei andern Jünger gingen hinaus, nur Dsong Si blieb zurück. Dsong Si sprach: »Was bedeuten die Worte der drei Jünger?« Der Meister sprach: »Es sprach eben jeder seines Herzens Wünsche aus, nichts weiter.« »Und warum lächelte der Meister über Dsï Lu?« – »Um ein Reich zu regieren, braucht es Takt. Seine Worte aber waren nicht bescheiden, darum lächelte ich über ihn.« »Dann hat also Jan Kiu nicht von der Regierung eines Staates gesprochen?« – »Gewiß; denn wo gäbe es ein Gebiet von 60–70 oder 50–60 Meilen im Geviert, das nicht ein Staat wäre?« »Und hat Gung Si Hua nicht auch von einem Staat gesprochen?« – »Gewiß; denn im kaiserlichen Ahnentempel und bei kaiserlichen Audienzen – wer hat außer den Landesfürsten dabei etwas zu tun? (Er sagte zwar bescheidener Weise nur, daß er als niedriger Gehilfe dabei dienen wolle, aber) wenn ein Mann wie Tschï niedriger Gehilfe ist, wer sollte dann der Leiter sein?«

BUCH XII
YÄN YÜAN

Die 24 Abschnitte dieses Buches handeln meist von Gegenständen prinzipieller Art. Es bildet so eine Ergänzung des XI., mehr persönlich gearteten Buches. Für die Kenntnis der konfuzianischen Ethik und Weltanschauung ist es besonders ergiebig. Bemerkenswert ist, daß die Abschnitte dieses Buches überwiegend Dialogform haben. Möglicherweise läßt sich hieraus ein Schluß auf die Quelle ziehen.

1. Sittlichkeit I: Schönheit

Yän Yüan fragte nach (dem Wesen) der Sittlichkeit. Der Meister sprach: »Sich selbst überwinden und sich den Gesetzen der Schönheit zuwenden: dadurch bewirkt man Sittlichkeit. Einen Tag sich selbst überwinden und sich den Gesetzen der Schönheit zuwenden: so würde die ganze Welt sich zur Sittlichkeit kehren. Sittlichkeit zu bewirken, das hängt von uns selbst ab; oder hängt es etwa von den Menschen ab?«

Yän Yüan sprach: »Darf ich um Einzelheiten davon bitten?«

Der Meister sprach: »Was nicht dem Gesetz der Schönheit entspricht, darauf schaue nicht; was nicht dem Gesetz der Schönheit entspricht, darauf höre nicht; was nicht dem Schönheitsideal entspricht, davon rede nicht; was nicht dem Schönheitsideal entspricht, das tue nicht.« Yän Yüan sprach: »Obwohl meine Kraft nur schwach ist, will ich mich doch bemühen, nach diesem Wort zu handeln.«

Yän Yüan brachte das Gespräch auf die Sittlichkeit. Der Meister sprach: »Um die Menschheit dazu zu bringen, daß sie den Gesetzen höchster Sittlichkeit aus freiem Willen gehorcht, muß man als Herrscher bei der eigenen Person beginnen mit Zurückdrängen alles Unkultivierten und Wilden im eigenen Selbst und mit der Durchbildung des ganzen Lebens nach dem Ideal der Schönheit. Durch diese Schönheit wird der Sittlichkeit der Weg gebahnt. Wenn jemand es fertig brächte, auch nur für einen Moment dieses Ideal des höchsten Kunstwerkes in sich zur Wirklichkeit zu machen, dann wäre die Erlösungstat vollbracht und im Prinzip der Weg gefunden, die ganze Welt so zu beeinflussen, daß sie durch die Anschauung der so in Schönheit erscheinenden Sittlichkeit sich dem Guten zuwendete.

Die Erreichung dieses Zieles hängt daher nur von uns selbst ab: davon nämlich, daß es uns gelingt, die höchste Sittlichkeit in der höchsten Schönheit zur Erscheinung zu bringen, keineswegs von den Menschen, die wir beeinflussen wollen. Sowie wir einmal die Kraft gefunden haben, um sie zu bewegen, so können sie gar nicht anders, als dieser Kraft gehorchen.«

Yän Yüan fragte nach der Art, wie sich diese Schönheit im einzelnen verwirklichen lasse. Der Meister antwortete: »Es ist hierzu wichtig, daß man der Außenwelt gegenüber sich so verhält, daß nichts Unschönes auf uns Einfluß gewinnen kann: Beherrschung und bewußte Direktion der Rezeptivität; andererseits sollen wir in Wort und Tat keine Äußerung unserer eignen Natur zulassen, die unschön ist: Beherrschung und bewußte Direktion der Aktivität.«

2. Sittlichkeit II: Ehrfurcht und Nächstenliebe

Dschung Gung fragte nach (dem Wesen) der Sittlichkeit. Der Meister sprach: »Trittst du zur Tür hinaus, so sei wie beim Empfang eines geehrten Gastes. Gebrauchst du das Volk, so sei wie beim Darbringen eines großen Opfers. Was du selbst nicht wünschest, das tue nicht den Menschen an. So wird es in dem Land keinen Groll (gegen dich) geben, so wird es im Hause keinen Groll (gegen dich) geben.«

Dschung Gung sprach: »Obwohl meine Kraft nur schwach ist, will ich mich doch bemühen, nach diesem Wort zu handeln.«

Dschung Gung brachte ebenfalls das Gespräch auf die Sittlichkeit. Ihm gegenüber definierte der Meister ihr Wesen folgendermaßen: »Die Sittlichkeit im Verkehr mit anderen Menschen beruht auf der Ehrfurcht als Grundgesinnung. Im ganzen öffentlichen Leben soll man diese Ehrfurcht zeigen und jeden Menschen wie einen geehrten Gast behandeln. Diese Ehrfurcht muß sich auch nach unten hin, dem gewöhnlichen Volk gegenüber, bewähren. Nimmt man die Dienste des Volks in Anspruch, so geschehe es als in der Gegenwart Gottes mit frommer Scheu, die allen Hochmut im Keim erstickt.

Außer der Ehrfurcht als formalem Prinzip der Gesinnung gibt es als Triebfeder für die Handlungsweise die Maxime der praktischen Vernunft, die (negativ ausgedrückt) lautet: Was du selbst als Unrecht in dir empfinden würdest, das füge keinem Menschen zu. Auf diese Weise muß man bemüht sein, in der Öffentlichkeit sowohl wie im engsten

Kreise allen berechtigten Anlaß zur Unzufriedenheit mit uns aus dem Weg zu räumen.«

3. Sittlichkeit III: Gründlichkeit

Sï Ma Niu fragte nach (dem Wesen) der Sittlichkeit. Der Meister sprach: »Der Sittliche ist langsam in seinen Worten.« Er antwortete: »Langsam in seinen Worten sein: das heißt Sittlichkeit?« – Der Meister antwortete: »Wer beim Handeln die Schwierigkeiten sieht: kann der in seinen Worten anders als langsam sein?«

Sï Ma Niu wollte ebenfalls Belehrung über die Sittlichkeit haben. Ihm antwortete der Meister mit Überlegung: »Den sittlichen Menschen erkennt man daran, daß ihm das Reden Mühe macht.« Überrascht gab der Schüler zurück: »Redeschwierigkeiten haben: das soll Sittlichkeit sein?« Aber der Meister fuhr fort: »Die Sittlichkeit ist nicht etwas, worüber man geistreich konversieren kann. Es liegt ein furchtbarer Ernst in ihren Forderungen. Es handelt sich um nichts Geringeres, als um Erzeugung von Realitäten inmitten einer widerstrebenden Welt. Wer einmal einen Blick getan hat in die Schwierigkeiten dieses Kampfes: dem mag das gewandte Reden wohl vergehen.«

4. Der Edle ist frei von Schwermut und Angst

Sï Ma Niu fragte nach dem (Wesen des) Edlen. Der Meister sprach: »Der Edle ist ohne Trauer und ohne Furcht.« Er sprach: »Ohne Trauer und ohne Furcht sein: das heißt ein Edler sein?« – Der Meister sprach: »Wenn einer sich innerlich prüft, und kein Übles da ist, was sollte er da traurig sein, was sollte er fürchten?«

Sï Ma Niu brachte das Gespräch auf die Charaktereigenschaften, die für den höheren Menschen bezeichnend seien. Der Meister antwortete: »Im Grunde erkennt man den höheren Menschen ohne weiteres daran, daß er erhaben ist über Schwermut und Angst.« Der Jünger, von dieser Antwort überrascht, gab seinem Erstaunen Ausdruck. Da erklärte sich der Meister noch weiter: »Angst und Schwermut ist doch nur dann möglich, wenn der Mensch in seinem eignen Wesen verkehrte Willensrichtungen hegt, die ins Verderben führen müssen. Wenn nun eine gewissenhafte Selbstprüfung ergibt, daß unser Wesen frei von solchen Krankheiten ist, so wüßte ich nicht, wo sonst noch ein Grund zur Schwermut oder Angst liegen sollte für den, der die Bedingungen seines Glücks allein in sich selbst trägt«.

5. Trost

Sï Ma Niu war betrübt und sprach: »Alle Menschen haben Brüder, nur ich habe keinen.« Dsï Hia sprach: »Ich habe gehört: Tod und Leben haben ihre Bestimmung, Reichtum und Ansehen kommen vom Himmel. Der Edle ist sorgfältig und ohne Fehl: im Verkehr mit den Menschen ist er ehrerbietig und taktvoll: so sind innerhalb der vier Meere alle seine Brüder. Warum sollte der Edle sich bekümmern, daß er keine Brüder hat?«

Derselbe Sï Ma Niu klagte einst auch dem Dsï Hia sein Leid mit den Worten: »Alle Menschen haben einen festen Halt im Schoß ihrer Familie, nur ich bin einsam und bruderlos.« Dsï Hia tröstete ihn: »Wir wissen, daß die äußeren Lebensschicksale nicht in unserer Hand stehen, sondern von der Vorsehung nach höheren Gesichtspunkten geordnet sind. Darum ist es sinnlos, gegen das Schicksal zu murren, vielmehr ist es die Pflicht des Gebildeten, aus seinem Schicksal das Beste zu machen. Unsre Sache ist es, durch Sorgfalt und Tadellosigkeit der persönlichen Lebensführung, durch Ehrerbietung und Takt im Verkehr mit andern uns als höhere Menschen zu beweisen. Diese Tugenden sind es, welche jenes unsichtbare Band von Mensch zu Mensch schlingen, daß man mit jedem Gleichgesinnten auf der ganzen Welt sich brüderlich vereint wissen darf. Das hebt uns dann hinaus über die Schwierigkeiten, die uns die leiblichen Brüder bereiten.«

6. Klarheit des Geistes

Dsï Dschang fragte nach (dem Wesen) der Klarheit. Der Meister sprach: »Auf wen langsam durchsickernde Verleumdungen und durch die Haut dringende Klagen nicht wirken, den kann man als klar bezeichnen. Auf wen langsam durchsickernde Verleumdungen und durch die Haut dringende Klagen nicht wirken, ja, den kann man als weit (blickend) bezeichnen.«

Dsï Dschang fragte, wie geistige Klarheit erworben werden könne. Der Meister sprach: »Die geistige Klarheit und der geistige Weitblick besteht einfach darin, daß man sich die Selbständigkeit des Urteils wahrt gegenüber den unbedeutenden und unmerklichen Beeinflussungen jener Leute, die nach dem Grundsatz: ›Es bleibt immer etwas hängen‹ unentwegt und leise ihre Behauptungen wiederholen, bis sie schließlich durch die lange Gewohnheit den Schein einer selbstverständlichen Wahrheit gewinnen.«

7. Staatsregierung I: Vertrauen

Dsï Gung fragte nach (der rechten Art) der Regierung. Der Meister sprach: »Für genügende Nahrung, für genügende Militärmacht und für das Vertrauen des Volkes (zu seinem Herrscher) sorgen.« Dä Gung sprach: »Wenn man aber keine Wahl hätte, als etwas davon aufzugeben: auf welches von den drei Dingen könnte man am ehesten verzichten?« (Der Meister) sprach: »Auf die Militärmacht« Dsï Gung sprach: »Wenn man aber keine Wahl hätte, als auch davon eines aufzugeben: auf welches der beiden Dinge könnte man am ehesten verzichten?« (Der Meister) sprach: »Auf die Nahrung. Von alters her müssen alle sterben; wenn aber das Volk keinen Glauben hat, so läßt sich keine (Regierung) aufrichten.«

Der Jünger Dsï Gung, der verschiedene Male amtliche Anstellungen hatte, fragte nach den wichtigsten Gesichtspunkten, die man bei der Regierung zu beobachten habe. Der Meister sprach: »Das erste muß sein, für den Wohlstand der Bevölkerung zu sorgen. Das nächste muß sein, die innere Entwicklung nach außen hin durch ein schlagfertiges Heer zu schützen. Das dritte muß sein, daß das Volk Vertrauen zur Regierung gewinnt, was eben durch die gewissenhafte Durchführung der ersten beiden Maßregeln ermöglicht wird.« Der Jünger stellte darauf einige Fragen, durch die er sich darüber aufzuklären suchte, ob dieser zeitlichen Reihenfolge der Regierungsmaßnahmen auch die Wichtigkeit der einzelnen Ziele entspreche. Das Resultat der Antworten des Meisters war, daß dies nicht der Fall sei. Die unentbehrliche Voraussetzung einer jeden Regierung sei vielmehr, daß sie eine solche Fühlung mit dem Volksbewußtsein habe, daß ihr von Seiten der Regierten unbedingtes Vertrauen entgegengebracht werde. Jeder weitere Ausbau des Staates hängt von dieser Grundlage ab, ist also ihr gegenüber von sekundärer Bedeutung.

8. Kern und Schale

Gi Dsï Tschong sprach: »Dem Edlen kommt es auf das Wesen an und sonst nichts. Was braucht er sich um die Form zu kümmern?« Dsï Gung sprach: »Bedauerlich ist die Rede des Herren über den Edlen. Ein Viergespann holt die Zunge nicht ein. Die Form ist Wesen, das Wesen ist Form. Das von Haaren entblößte Fell eines Tigers und Leoparden ist wie das von Haaren entblößte Fell eines Hundes oder Schafs.«

Ein hoher Beamter des Staates We namens Gi Dsï Tschong äußerte einmal im Gespräch mit dem Jünger Dsï Gung: »Ein Gebildeter sieht auf das Wesen und auf sonst nichts, die äußere Form hat für ihn keine Bedeutung.« Dsï Gung hielt mit seinem Tadel nicht zurück. Er äußerte: »Es ist sehr bedauerlich, daß Sie sich in dieser Weise über das Wesen der Bildung ausgesprochen haben. Solche übereilten Worte lassen sich nachträglich nicht mehr ungesprochen machen. In Wirklichkeit ist Form und Wesen gar nicht zu trennen, die äußere Erscheinung ist ein notwendiges Attribut des Wesens. Gerade die äußere Erscheinung ist es ja, was den

Gebildeten von der großen Masse unterscheidet. Diese Formen sind wie die Zeichnung eines Tiger- oder Leopardenfells. Die ist auch nur äußerlich. Kratzt man aber die Haare ab, so ist, was bleibt, nicht mehr zu unterscheiden von einem abgeschabten Hunde- oder Ziegenfell.«

9. Volkswohlstand und Staatswohlstand

Fürst Ai fragte den Yu Jo und sprach: »Dies Jahr ist Teuerung, die Bedürfnisse lassen sich nicht decken. Was ist zu tun?« Yu Jo entgegnete und sprach: »Warum nicht den allgemeinen Zehnten durchführen?« (Der Fürst) sprach: »Mit zwei Zehnten habe ich noch immer nicht genug. Was soll man da mit dem einfachen Zehnten anfangen?« Er entgegnete und sprach: »Wenn die Untertanen genug haben, von wem bekäme der Fürst nicht genug? Wenn die Untertanen nicht genug haben, von wem bekäme der Fürst genug?«

Der Fürst Ai von Lu fragte den Jünger Yu Jo, was sich tun lasse, um die Staatseinkünfte, die infolge einer Teuerung hinter dem erforderlichen Mindestmaß zurückgeblieben seien, zu erhöhen. Yu Jo schlug vor, einfach zu dem seit Aufrichtung der Dschou-Dynastie üblichen Steuersatz von einem Zehntel des landwirtschaftlichen Ertrags zurückzukehren. Der Fürst hielt das zunächst für ein Mißverständnis und machte darauf aufmerksam, daß im Staate Lu schon (seit Fürst Süan, 609 bis 591) zwei Zehnten erhoben würden, die immer noch nicht ausreichten. Yu Jo vertrat darauf das Prinzip, daß die einzige Quelle für ausreichende Staatseinkünfte der allgemeine Volkswohlstand sei. Daher sei es Pflicht einer weitsichtigen Regierung, unter allen Umständen, selbst unter zeitweiligem Verzicht auf erhöhte Abgaben, den Volkswohlstand so zu fördern, daß im Volk Wohlhabenheit herrsche. Wenn das der Fall sei, würden sich ganz von selbst auch immer die nötigen Mittel für öffentliche Zwecke finden, so daß sich dieses System der Mäßigkeit auf die Dauer bezahlt mache, während rigorose Überbelastung des Volks wohl für den Moment Mehreinnahmen schaffe, sich aber auf die Dauer notwendig rächen müsse.

10. Aus Dunkelheit zum Licht I

Dsï Dschang fragte, wie man sein Wesen erhöhen und Unklarheiten unterscheiden könne. Der Meister sprach: »Treu und Glauben zur Hauptsache machen, der Pflicht folgen: dadurch erhöht man sein Wesen. Einen lieben und wünschen, daß er lebe; einen hassen und wünschen, daß er sterbe: also wünschen, daß einer lebe, und wieder wünschen, daß einer sterbe, das ist Unklarheit.« ›Wahrlich nicht um ihres Reichtums willen. Einzig nur um ihrer Besonderheit willen.‹ (Die beiden letzten Zeilen sind ein Zitat aus Schï Ging II, 4, 4, 3, das keinen Sinn im Zusammenhang gibt und nach Tschongs Kommentar, dem die meisten andern folgen, zu XVI, 12 gehört, wo ein Zitat ausgefallen ist.)

Der Jünger Dsï Dschang fragte, auf welche Weise man seinen Charakter entwickeln und die Unklarheiten des eigenen Wesens aufhellen könne. Der Meister sprach: »Die Entwicklung und Erhöhung des Charakters wird erreicht durch unbedingte Gewissenhaftigkeit und Wahrheit und freie Unterwerfung unter das, was Pflicht ist. Die inneren Unklarheiten und Dunkelheiten des eigenen Wesens verschwinden von selbst, sowie man sie nur einfach ins Auge faßt. Das Gemütsleben der meisten Menschen wird beherrscht von blinden Sympathien und Antipathien. Je nach der Sympathie oder Antipathie, die uns beherrscht, wünschen wir andern Leben oder Tod. Aber man darf sich nur einmal überlegen, was das heißt: Leben zu fördern suchen und auf der andern Seite wieder Leben zu vernichten trachten, um zu erkennen, daß ein solcher Gemütszustand in dumpfer Unklarheit befangen ist. Ein klarer Standpunkt läßt sich also nur erreichen, wenn man sich durch Vernunft frei macht von der Beeinflussung des niederen Trieblebens«.

11. Staatsregierung II: Soziale Ordnung als Grundlage des Staatswesens

Der Fürst Ging von Tsi fragte den Meister Kung über die Regierung. Meister Kung sprach: »Der Fürst sei Fürst, der Diener sei Diener; der Vater sei Vater, der Sohn sei Sohn.« Der Fürst sprach: »Gut fürwahr! Denn wahrlich, wenn der Fürst nicht Fürst ist und der Diener nicht Diener; der Vater nicht Vater und der Sohn nicht Sohn: obwohl ich mein Einkommen habe, kann ich dessen dann genießen?«

Der Fürst Ging vom Staate Tsi fragte Kung um Rat in Sachen der Staatsregierung. Kung erwiderte, daß die unerläßliche Vorbedingung für ein geordnetes Staatswesen eine feste Ordnung der sozialen Beziehungen sei, so daß vom Fürsten an bis zum letzten Bürger jeder den seiner sozialen Stellung entsprechenden Pflichten nachkomme. Der Fürst stimmte diesem Wort aus ganzem Herzen zu unter Andeutung der Schwierigkeiten, die ihm aus der sozialen Unordnung in seinem Staate trotz äußeren Wohlstandes erwuchsen.

12. Dsï Lus Lob

Der Meister sprach: »Nach einem einzelnen Wort einen Prozeß entscheiden, das konnte Yu.«
Dsï Lu schlief nie über einem (gegebenen) Versprechen.

Um einen Prozeß zu entscheiden, ist es in der Regel nötig, erst sorgfältig beide Parteien anzuhören, um dann nach genauer Abwägung aller Umstände die Entscheidung zu treffen.
Der Meister sagte aber von Dsï Lu, daß er einen so entwickelten Wahrheitssinn habe, daß er nur eine Partei zu hören brauche, um sofort den Tatbestand richtig zu erfassen.

13. Prozesse entscheiden und Prozesse verhüten

Der Meister sprach: »Im Anhören von Klagesachen bin ich nicht besser als irgendein anderer. Woran mir aber alles liegt, das ist, zu bewirken, daß gar keine Klagesachen entstehen«.

14. Staatsregierung III: Unermüdliche Gewissenhaftigkeit

Dsï Dschang fragte nach (dem Wesen) der Staatsregierung. Der Meister sprach: »Unermüdlich dabei sein und gewissenhaft handeln.«

Als der Jünger Dsï Dschang einst fragte, worauf es bei der Regierungstätigkeit hauptsächlich ankomme, antwortete der Meister: »Man muß bei der Sache bleiben und die Sache wichtig nehmen, ohne durch die Länge der Zeit sich abstumpfen zu lassen und in die bloße Routine zu verfallen. Bei der Erledigung der äußeren Geschäfte ist eine gewissenhafte innere Beteiligung wichtig, um einem toten Schematismus zu entgehen.«

15. Selbsterziehung

Der Meister sprach: »Wer eine umfassende Kenntnis der Literatur besitzt und sich nach den Regeln der Moral richtet, der mag es wohl erreichen, Fehltritte zu vermeiden.«

Wiederholung von VI, 25.

16. Einfluß auf andere

Der Meister sprach: »Der Edle befördert das Schöne der Menschen und befördert nicht das Unschöne der Menschen. Der Gemeine macht es umgekehrt.«

Ein vornehmer Charakter hat auf seine Umgebung einen erhöhenden Einfluß, indem er nur durch die verborgenen Wirkungen seines Wesens alles Gute und Schöne, das in den Menschen oft schlummert, hervorlockt und zu seiner Verwirklichung mithilft, wogegen das Unschöne der Menschen in seiner Gegenwart sich zurückzieht und verbirgt. Die Wirkungen eines gemeinen Menschen sind gerade entgegengesetzte.

17. Staatsregierung IV: Die Person des Herrschenden

Freiherr Gi Kang fragte den Meister Kung nach (dem Wesen) der Regierung. Meister Kung sprach: »Regieren heißt recht machen. Wenn Eure Hoheit die Führung übernimmt im Rechtsein, wer sollte es wagen, nicht recht zu sein?«

Der leitende Staatsmann des Staates Lu, Gi Kang, fragte Kung um Rat über die beste Art, die Regierung zu handhaben. Kung erwiderte: »Regieren heißt nichts anderes als das Volk in Ordnung halten. Die wirkliche Ordnung läßt sich aber nicht rein äußerlich durchführen. Der Geist der Ordnung muß zuerst in der Person des Regierenden zum Ausdruck kommen. Sowie das der Fall ist, wird es sich ganz von selbst im Staate durchsetzen.«

18. Das Volk richtet sich nach der Person, nicht nach den Worten

Freiherr Gi Kang war in Sorge wegen des Räuberunwesens und fragte den Meister Kung. Meister Kung entgegnete: »Wenn Eure Hoheit es nicht wünscht, so wird, ob selbst Belohnung darauf gesetzt würde, niemand rauben.«

Freiherr Gi Kang wandte sich in seiner Verlegenheit wegen des in Lu überhandnehmenden Räuberunwesens an Kung um Rat. Dieser erwiderte: »Das Ausschlaggebende ist die wirkliche Gesinnung des Herrschenden, nicht seine Meinungsäußerungen und Verordnungen. Wenn der Herrschende allem Raub tatsächlich abgeneigt ist, so kann er in seinen Verordnungen Belohnungen für den Raub aussetzen, und doch hält sich das Volk davon fern.« (Die negative Anwendung konnte sich der Minister leicht selbst abstrahieren.)

19. Staatsregierung V: Wind und Gras

Freiherr Gi Kang fragte den Meister Kung nach (dem Wesen) der Regierung und sprach: »Wenn man die Übertreter tötet, um denen, die auf rechtem Wege wandeln, zu helfen: wie wäre das?« Meister Kung entgegnete und sprach: »Wenn Eure Hoheit die Regierung ausübt, was bedarf es dazu des Tötens? Wenn Eure Hoheit das Gute wünscht, so wird das Volk gut. Das Wesen des Herrschers ist der Wind, das Wesen der Geringen ist das Gras. Das Gras, wenn der Wind darüber hinfährt, muß sich beugen.«

Freiherr Gi Kang fragte Kung, ob es nicht unter Umständen im Interesse einer durchgreifenden Besserung der Verhältnisse liegen könne, mit der Todesstrafe nicht zu sparen, um zugunsten der ruhigen Bürger unter den gefährlichen Elementen gründlich aufzuräumen. Kung war damit jedoch nicht einverstanden, sondern betonte, daß eine gute Regierung auf die Todesstrafe verzichten könne. Die Persönlichkeit des Herrschers übe einen so unbedingten geistigen Einfluß auf das Volk aus, daß sich sein Wille mit automatischer Sicherheit durchsetze, wie das Gras sich beugt, wenn der Wind darüber hinfährt.

20. Bedeutung und Berühmtheit

Dsï Dschang fragte: »Wie muß ein Gebildeter sein, um durchdringend zu heißen?« Der Meister sprach: »Was verstehst du denn unter durchdringend?« Dsï Dschang erwiderte: »In der Öffentlichkeit berühmt sein und zu Hause berühmt sein.« Der Meister sprach: »Das ist Berühmtheit, nicht Durchdringen. Ein bedeutender Mann ist seinem Wesen nach gerade und liebt Gerechtigkeit. Er prüft die Worte und durchschaut die Mienen. Er ist ängstlich darauf aus, sich zu demütigen vor den Menschen. Ein solcher ist in der Öffentlichkeit durchdringend und zu Hause durchdringend. Ein berühmter Mann aber hält sich im Äußeren an die Sittlichkeit, aber übertritt sie in seinem Handeln. Er verharrt (in seinem Selbstbewußtsein) ohne Bedenken. Ein solcher ist in der Öffentlichkeit berühmt und zu Hause berühmt.«

Der Jünger Dsï Dschang fragte, wie man seine amtliche Laufbahn einrichten müsse, um durchzudringen. Der Meister sprach: »Was verstehst du denn unter durchdringen?« Als der Jünger erwiderte: »Wenn man überall von jemand hört, einerlei, ob er in einer amtlichen Stellung sich befindet oder sich ins Privatleben zurückgezogen hat«, da wies ihn der Meister mit den Worten zurecht: »Was du da als durchdringende Bedeutung bezeichnest, ist in Wirklichkeit nur Tagesberühmtheit. Um durchdringende geistige Bedeutung zu erlangen, muß einem eine innerliche Geradheit wesentlich zu eigen sein, man muß frei von allem persönlichen Egoismus nur das allgemeine Interesse im Auge haben. Im Verkehr muß man nicht nur die Äußerungen der Menschen sorgfältig abwägen, sondern ebenso ihr ganzes Benehmen psychologisch beurteilen. Daneben muß man sich ängstlich vor allem Hochmut hüten und ehrlich bestrebt sein, auch von Niedrigstehenden sich etwas sagen zu lassen. Auf diesem Wege erreicht man durchdringende Bedeutung, ganz einerlei, ob man in der Öffentlichkeit oder im Privatleben steht. Um aber die Berühmtheit des Tages zu erlangen, muß man in allen seinen Äußerungen die Fahne der Religion und Moral hochhalten, wenn man auch in seinen Handlungen dagegen verstößt. Ferner ist nötig ein dickfelliges Selbstbewußtsein, das sich durch nichts irre machen läßt und dadurch auch bei andern einen Zweifel gar nicht aufkommen läßt. Wer auf diese Weise die Trommel zu rühren versteht, der wird im Handumdrehen ein berühmter Mann, sowohl in der Öffentlichkeit als auch im Privatleben«.

21. Aus Dunkelheit zum Licht II

Fan Tschï wandelte (mit dem Meister) unter dem Regenaltar; er sprach: »Darf ich fragen, wie man sein Wesen erhöhen, seine geheimen Fehler bessern und Unklarheiten unterscheiden kann?« Der Meister sprach: »Das ist eine gute Frage! Erst die Arbeit, dann der Genuß: wird dadurch nicht das Wesen erhöht? Seine eignen Sünden bekämpfen und nicht die Sünden der andern bekämpfen: werden nicht dadurch die geheimen Fehler gebessert? Um des Zorns eines Morgens willen seine eigne Person vergessen und seine Angehörigen in Verwicklungen bringen: ist das nicht Unklarheit?«

Fan Tschï wandelte mit dem Meister allein im heiligen Hain am Regenaltar. Da benutzte er die Einsamkeit zu einer vertrauensvollen Aussprache und begann: »Darf ich fragen, auf welche Weise man seinen Charakter entwickeln, die geheimen Fehler bessern und die Unklarheiten des eigenen Wesens aufhellen kann?« Der Meister entgegnete, sein Vertrauen ermunternd: »Das ist eine gute Frage! Die Entwicklung des Charakters wird erreicht durch die Sachlichkeit unserer Interessen, daß man in allen Dingen vor allem darauf sieht, was geleistet werden muß, und diesen Erwägungen den persönlichen Vorteil unterordnet. Um seine geheimen Fehler zu bessern, dazu bedarf man der Unbefangenheit, die bereit ist, den Grund des Übels in der eigenen Person anzuerkennen, und der mutigen Entschlossenheit, gegen das Böse in sich selbst anzugehen, anstatt, wie es üblich ist, die Schuld immer nur bei andern zu suchen. Hat man diese Gesinnung, so wird es an Gelegenheiten, das verborgene Übel ans Licht zu bringen, von selbst nicht fehlen. Jeder Konflikt, in den wir mit andern kommen, kann uns dazu helfen. Die Unklarheiten haben ihren Ursprung im niederen Triebleben, so daß man sich z. B. im Zorn des Augenblicks hinreißen läßt zu Handlungen, die nicht nur für die eigne Person, sondern unter Umständen selbst für die Angehörigen von den schlimmsten Folgen sein können. Diesen blinden Mächten widerstehen: dadurch wird man von den Unklarheiten des eigenen Wesens frei.«

22. Sittlichkeit und Weisheit

Fan Tschï fragte nach (dem Wesen) der Sittlichkeit (Menschlichkeit). Der Meister sprach: »Menschenliebe«. Er fragte nach (dem Wesen) der Weisheit. Der Meister sprach: »Menschenkenntnis«. Fan Tschï begriff noch nicht; da sprach der Meister: »Dadurch, daß man die Geraden erhebt, daß sie auf die Verdrehten drücken, kann man die Verdrehten gerade machen.« Fan Tschï zog sich zurück. Er sah Dsï Hia und sprach: »Vor kurzem war ich bei dem Meister und fragte nach (dem Wesen) der Weisheit. Der Meister sprach: ›Dadurch, daß man die Geraden erhebt, daß sie auf die Verdrehten drücken, kann man die Verdrehten gerade machen.‹ Was bedeutet das?« Dsï Hia sprach: »Das ist ein reiches Wort! Schun hatte das Reich, er wählte unter allen und erhob Gau Yau, da verschwanden die Unsittlichen. Tang hatte das Reich, er wählte unter allen und erhob I Yin, da verschwanden die Unsittlichen.«

Der Jünger Fan Tschï fragte einst, was der Kernpunkt der Sittlichkeit sei. Der Meister antwortete: »Die wahre Sittlichkeit oder Menschlichkeit besteht eben darin, daß man die Menschen liebt.« Fan Tschï fragte weiter, worin die Weisheit bestehe. Der Meister antwortete: »Auch die Weisheit hat ihr höchstes Objekt im Menschen: sie ist Menschenkenntnis.« Fan Tschï verstand den Sinn dieser Antworten noch nicht; da erklärte sich der Meister genauer: »Auf Grund dieser Menschenkenntnis höherer Art kann man durch richtige Verteilung der geeigneten Persönlichkeiten es so weit bringen, daß auch minderwertige Menschen brauchbar werden. Man muß nur die aufrichtigen und starken Charaktere in die maßgebenden Positionen bringen, damit sie Gelegenheit haben, die Minderwertigen wirksam zu beeinflussen.«

Fan Tschï, dem die Sache noch immer nicht klar war, zog sich zurück, ohne eine weitere Frage zu wagen. In seiner Verlegenheit suchte er Rat bei Dsï Hia, dem er den Inhalt seines Gesprächs mit dem Meister wiederholte. Dsï Hia erfaßte die Sache sofort und sprach: »Das ist ein Wort von weitreichender Anwendungsmöglichkeit. Wenn wir die Weisheit der Herrscher des Altertums erforschen, so ergibt sich, daß ihre große Weisheit eben darin bestand, daß sie die richtigen Leute herauszufinden verstanden und diese Leute in die maßgebenden Positionen brachten. Dadurch erreichten sie es, daß die gesamten Zustände sich aufs günstigste entwickelten und die moralisch Minderwertigen verschwanden.«

23. Freundschaft

Dsï Gung fragte nach (dem Wesen) der Freundschaft. Der Meister sprach: »Man soll sich gewissenhaft ermahnen und geschickt (zum Guten) führen. Wenn es nicht geht, so halte man inne. Man muß sich nicht selbst der Beschämung aussetzen.«

Dsï Gung fragte, wie man mit Freunden verkehren solle. Der Meister sprach: »Das Wesen der Freundschaft beruht auf unbedingter Aufrichtigkeit. Sieht man an seinem Freund einen Fehler, so hat man die Pflicht, ihn gewissenhaft darauf aufmerksam zu machen. Die Freundschaft soll dazu dienen, daß man sich gegenseitig auf liebevolle Weise im Guten fördert. Aber man darf nicht zum pedantischen Moralprediger werden. Sieht man, daß unsere Anregungen auf Widerstand stoßen, so halte man sich taktvoll zurück und überlasse es dem gesunden Verstande des andern, selbst zur Besinnung zu kommen. Sonst setzt man sich nur Beschämungen aus, und die Freundschaft geht in die Brüche.«

24. Zweck der Freundschaft

Meister Dsong sprach: »Der Edle begegnet seinen Freunden durch die Kunst und fördert durch seine Freunde seine Sittlichkeit.«

Der Jünger Dsong Schen sprach: »Für den Gebildeten sind in der Regel gemeinsame ästhetische Richtungen der Anknüpfungspunkt eines freundschaftlichen Verhältnisses. Auf die Dauer muß jedoch die Freundschaft auch eine gegenseitige Förderung auf ethischem Gebiet mit sich bringen, wenn sie diesen Namen verdienen soll.«

BUCH XIII
DSÏ LU

Dieses Buch, welches 30 Abschnitte enthält, steht dem letzten ziemlich nahe. Es beschäftigt sich hauptsächlich mit Fragen der Regierung und der persönlichen Charakterbildung. Bemerkenswert ist, daß der Staat We eine ziemlich große Rolle spielt (vgl. die Abschnitte 3, 7, 8, 9).
We war der Platz, wo der Schüler Yüan Hiän, nach dem das nächste Buch genannt ist, nach des Meisters Tod lebte. Zugleich der Heimatstaat von Dsï Gung. Möglich, daß hier ein Anhaltspunkt für die Quelle liegt.

1. Staatsregierung I: Der Regent als Erster im Dienen

Dsï Lu fragte nach (dem Wesen) der Regierung. Der Meister sprach: »(Dem Volk) vorangehen und es ermutigen.« Er bat um weiteres. (Der Meister) sprach: »Nicht müde werden.«

Als Dsï Lu um Auskunft bat über das Wesentliche bei der Regierung, da antwortete der Meister: »Alles kommt darauf an, daß der Regent sich das Regieren nicht leicht macht, sondern daß er aktiv die Leitung übernimmt und das Volk dadurch ermutigt, seinem Beispiel zu folgen.« Dsï Lu schien mit dieser Auskunft noch nicht zufrieden und bat um weitere Ratschläge. Er bekam die Antwort, daß, was weiter nötig sei, nur eben in der unermüdlichen Konsequenz bei Durchführung dieser Grundsätze bestehe.

2. Staatsregierung II: Wider das persönliche Regiment

Dschung Gung war Hausbeamter der Familie Gi und fragte nach (dem Wesen) der Regierung. Der Meister sprach: »Habe an erster Stelle die zuständigen Beamten, verzeih kleine Fehler, wähle Leute von Charakter und Talent.« Er sprach: »Wie weiß ich, welche (Leute) Charakter und Talent haben, daß ich sie wähle?« (Der Meister) sprach: »Wähle die, so du weißt. Die, so du nicht weißt: werden die Menschen auf sie verzichten?«

Dschung Gung fragte den Meister um Rat in Beziehung auf die Grundsätze der Regierung, zur Zeit als er ein Amt im Dienst der Familie Gi innehatte. Der Meister sprach: »Die größte Gefahr ist, alles selber machen zu wollen; vielmehr soll der Regent in allen Detailfragen den zuständigen Instanzen die Initiative lassen. Kleine menschliche Schwächen muß man übersehen, aber um so strenger darauf halten, daß die Leute, die man an der Hand hat, zuverlässig und ihrer Aufgabe gewachsen sind.« Als der Schüler danach fragte, wie man solche Leute ausfindig machen könne, erwiderte der Meister, daß man nur einmal einen Anfang zu machen brauche mit den tüchtigen Menschen, die man kenne. Dann werden schon ganz von selber auch solche tüchtige Menschen, die man noch nicht kannte, von den andern empfohlen werden.

3. Staatsregierung III: Richtigstellung der Begriffe

Dsï Lu sprach: »Der Fürst von We wartet auf den Meister, um die Regierung auszuüben. Was würde der Meister zuerst in Angriff nehmen?« Der Meister sprach: »Sicherlich die Richtigstellung der Begriffe.« Dsï Lu sprach: »*Darum* sollte es sich handeln? Da hat der Meister weit gefehlt! Warum denn deren Richtigstellung?« Der Meister sprach: »Wie roh du bist, Yu! Der Edle läßt das, was er nicht versteht, sozusagen beiseite. Wenn die Begriffe nicht richtig sind, so stimmen die Worte nicht; stimmen die Worte nicht, so kommen die Werke nicht zustande; kommen die Werke nicht zustande, so gedeiht Moral und Kunst nicht; gedeiht Moral und Kunst nicht, so treffen die Strafen nicht; treffen die Strafen nicht, so weiß das Volk nicht, wohin Hand und Fuß setzen. Darum sorge der Edle, daß er seine Begriffe unter allen Umständen zu Worte bringen kann und seine Worte unter allen Umständen zu Taten machen kann. Der Edle duldet nicht, daß in seinen Worten irgend etwas in Unordnung ist. Das ist es, worauf alles ankommt.«

Dsï Lu machte dem Meister Mitteilung, daß der Fürst des Staates We sich mit dem Gedanken trage, ihn mit der Leitung des Staates zu betrauen, und fragte, wo er in diesem Fall mit etwaigen Reformen einsetzen würde. Der Meister sprach: »Was vor allem nötig ist, ist, daß man alle Dinge beim rechten Namen nennen kann.« Dsï Lu äußerte sich ziemlich absprechend über diese Äußerung des Meisters. Dieser verwies ihm zunächst seinen Mangel an bescheidener Zurückhaltung, dann fuhr er fort: »Wenn in einem Staate faule Stellen sind, die eine Verwirrung der Begriffe verursachen, so ist ein energisches, klares Wort eine Unmöglichkeit. Dadurch wird aber eine durchgreifende Regierungstätigkeit verhindert. Und die daraus entspringende öffentliche Unordnung läßt keine Äußerung der wahrhaften geistigen Kultur aufkommen, denn die Verlogenheit dringt ein auch in Religion und Kunst. Ohne diese Geisteskultur ist aber auf der andern Seite eine gerechte Justizverwaltung unmöglich, und dadurch entsteht eine allgemeine Unsicherheit und Beunruhigung des öffentlichen Lebens. Darum ist für einen charaktervollen Mann eine unerläßliche Vorbedingung alles Wirkens, daß seine Begriffe alle so beschaffen sind, daß er sie aussprechen kann, und daß seine Worte so sind, daß er sie in Taten umsetzen kann. Das ist nur möglich bei unbedingter Genauigkeit und Wahrheit.«

4. Staatsregierung IV: Keine technischen Spezialkenntnisse erforderlich

Fan Tschï bat um Belehrung über den Ackerbau. Der Meister sprach: »(In diesem Stück) bin ich nicht so (bewandert) wie ein alter Bauer.« Darauf bat er um Belehrung über den Gartenbau. (Der Meister) sprach: »Darin bin ich nicht so bewandert wie ein alter Gärtner.« Fan Tschï ging hinaus. Da sprach der Meister: »Ein beschränkter Mensch ist er doch, dieser Fan Sü. Wenn die Oberen die Ordnung hochhalten, so wird das Volk nie wagen, unehrerbietig zu sein. Wenn die Oberen die Gerechtigkeit hochhalten, so wird das Volk nie wagen, widerspenstig zu sein. Wenn die Oberen die Wahrhaftigkeit hochhalten, so wird das Volk nie wagen, unaufrichtig zu sein. Wenn es aber so steht, so werden die Leute aus allen vier Himmelsrichtungen mit ihren Kindern auf dem Rücken herbeikommen. Was braucht man dazu die Lehre vom Ackerbau!«

5. Theorie und Praxis

Der Meister sprach: »Wenn einer alle dreihundert Stücke des Liederbuches auswendig hersagen kann, und er versteht es nicht, mit der Regierung beauftragt, (seinen Posten) auszufüllen, oder kann nicht selbständig antworten, wenn er als Gesandter ins Ausland geschickt wird: wozu ist (einem solchen Menschen) alle seine viele (Gelehrsamkeit nütze)?«

6. Die Person des Herrschenden

Der Meister sprach: »Wer selbst recht ist, braucht nicht zu befehlen: und es geht. Wer selbst nicht recht ist, der mag befehlen: doch wird nicht gehorcht.«

7. Urteil über zwei zeitgenössische Staaten

Der Meister sprach: »Die Herrscher von Lu und We sind Brüder.«

8. Anpassung an die Umstände

Der Meister sagte von dem Prinzen Ging von We, daß er gut hauszuhalten verstehe: »Als er anfing etwas zu haben, sprach er: ›Wenn ich's nur beisammen halte!‹ Als er etwas mehr hatte, sprach er: ›Wenn es nur für alles reicht.‹ Als er reichlich hatte, sprach er: ›Wenn es nur schön verwandt wird!‹«

Der Meister äußerte sich über den Prinzen Ging aus dem regierenden Haus von We, daß er hauszuhalten verstehe, indem er ohne Verschwendung und Übertriebenheit immer seiner finanziellen Lage entsprechend sich eingerichtet habe: im Anfang auf Sparen bedacht, dann auf ausreichende Deckung aller Bedürfnisse und endlich, als sein Reichtum gesichert war, auf ästhetischen Schmuck des Lebens. In dieser schlichten Sachlichkeit lag sein Vorzug.

9. Staatsregierung V: Zeitfolge der Ziele

Der Meister fuhr durch We. Jan Yu lenkte (den Wagen). Der Meister sprach: »Wie zahlreich ist (das Volk)!« Jan Yu sprach: »Wenn es so zahlreich ist, was könnte man noch hinzufügen?« (Der Meister) sprach: »Es wohlhabend machen.« (Jan Yu) sprach: »Und wenn es wohlhabend ist, was kann man noch hinzufügen?« (Der Meister) sprach: »Es bilden.«

10. Selbstbeurteilung

Der Meister sprach: »Wenn nur jemand wäre, der mich verwendete! Nach Ablauf von zwölf Monden sollte es schon angehen, und nach drei Jahren sollte alles in Ordnung sein.«

11. Erfolg des Talentes

Der Meister sprach: »(Es gibt ein Wort): ›Wenn tüchtige Menschen hundert Jahre ein Land leiten würden, so könnte man mit den Verbrechen fertig werden ohne Todesstrafe.‹ Das ist ein wahres Wort.«

Der Meister sprach: »Das Sprichwort hat recht, das sagt, daß es einer hundertjährigen Aufeinanderfolge von Talenten bedürfe, um allmählich so weit zu kommen, daß man mit den Verbrechen fertig werden könne auch ohne Anwendung der Todesstrafe.«

12. Erfolg des berufenen Genius

Der Meister sprach: »Wenn ein König käme, so wäre nach einem Menschenalter die Sittlichkeit erreicht.«

Dem stellte der Meister ein anderes Wort gegenüber: »Wenn aber ein gottgesandter Genius als Herrscher käme, der würde es schon nach einem Menschenalter dahin gebracht haben, die Herzen der Menschen zum Guten zu bekehren.«

13. Selbstbeherrschung die Grundlage der Regierung

Der Meister sprach: »Wer sich selbst regiert, was sollte der (für Schwierigkeiten) haben, bei der Regierung tätig zu sein? Wer sich selbst nicht regieren kann, was geht den das Regieren von andern an?«

14. Nebenregierung

Meister Jan kam vom Hofe zurück. Der Meister sprach: »Warum so spät?« Er erwiderte: »Es gab Regierungsarbeit.« Der Meister sprach: »Es wurden wohl Geschäfte (gemacht). Wenn es Regierungsarbeit gab, so hätte ich, obwohl nicht im Dienst, doch sicher davon gehört.«

15. Das Geheimnis der Blüte und des Untergangs der Staaten

Fürst Ding fragte: »Mit einem Wort des Staates Blüte befassen: kann man das?« Meister Kung erwiderte: »Ein Wort kann so weit nicht reichen. Doch gibt es ein Wort der Leute: ›Herrscher sein ist schwer, Kanzler sein nicht leicht.‹ Wenn man die Schwierigkeit des Herrscherberufs kennt, ist dann nicht ein Wort nahe daran, des Staates Blüte zu befassen?«

(Fürst Ding) sprach: »Mit einem Wort des Staates Untergang befassen: kann man das?« Meister Kung erwiderte: »Ein Wort kann soweit nicht reichen. Doch gibt es ein Wort der Leute: ›Es freut mich nicht, ein Fürst zu sein, außer wenn in seinen Worten mir niemand widerspricht.‹ Wenn er tüchtig ist, und niemand ihm widerspricht: dann ist es ja auch ganz gut; wenn er (aber) nicht tüchtig ist, und niemand ihm widerspricht: ist dann nicht ein Wort nahe daran, des Staates Untergang zu befassen?«

Fürst Ding fragte den Meister Kung, ob die Prinzipien, durch die ein Staat zur Blüte gebracht werden könne, sich in eine Formel fassen ließen. Dieser erwiderte: »Dieses Geheimnis läßt sich mit Worten nicht erschöpfend ausdrücken, doch gibt es immerhin ein Sprichwort: ›Herrscher sein ist schwer, Kanzler sein nicht leicht.‹ Was in diesem Wort gemeint ist, daß nämlich der Herrscher seine Stellung in erster Linie unter dem Gesichtspunkt der damit verbundenen Verantwortlichkeit auffassen soll, das kommt einem adäquaten Ausdruck jenes Geheimnisses doch sehr nahe.«

Der Fürst fragte weiter, ob in ähnlicher Weise auch die Prinzipien des Verfalls auf ein Wort gebracht werden können. Unter demselben Vorbehalt verwies ihn der Meister Kung auf ein anderes Sprichwort: ›Es freut mich nicht, Fürst zu sein, außer wenn mir niemand in seinen Worten widerspricht‹ (Suprema lex regis voluntas). Solang ein Fürst das Rechte trifft, so ist es ja ganz gut, wenn niemand widerspricht; wenn er aber Fehler macht und nicht auf Widerstand stößt: so sind das Verhältnisse, die den Ruin des Staates notwendig herbeiführen.

16. Staatsregierung VI: Nach ihren Früchten

Der Fürst von Schä fragte nach dem Wesen der Regierung. Der Meister sprach: »Wenn die Nahen erfreut werden und die Fernen herankommen.«

Der Fürst von Schä fragte, was zu einer guten Regierung gehöre. Der Meister sprach: »Eine gute Regierung sorgt dafür, daß die eignen Untertanen sich wohl und beruhigt fühlen, so daß selbst von auswärts die Leute angezogen werden.«

17. Staatsregierung VII: Dauernder Erfolg

Dsï Hia war Beamter von Gü Fu und fragte nach der (rechten Art der) Regierung. Der Meister sprach: »Man darf keine raschen (Erfolge) wünschen und darf nicht auf kleine Vorteile sehen. Wenn man rasche Erfolge wünscht, so (erreicht man) nichts Gründliches; wenn man auf kleine Vorteile aus ist, so bringt man kein großes Werk zustande.«

18. Aufrichtigkeit und Pietät

Der Fürst von Schä redete mit Meister Kung und sprach: »Bei uns zulande gibt es ehrliche Menschen. Wenn jemandes Vater ein Schaf entwendet hat, so legt der Sohn Zeugnis ab (gegen ihn).« Meister Kung sprach: »Bei uns zulande sind die Ehrlichen verschieden davon. Der Vater deckt den Sohn und der Sohn deckt den Vater. Darin liegt auch Ehrlichkeit.«

Der Fürst von Schä hob im Gespräch Kung gegenüber die Ehrlichkeit der Bevölkerung des Staates Tschu hervor. So ehrliche Menschen gebe es, daß sie ohne Bedenken vor Gericht Zeugnis ablegten gegen ihren eignen Vater, wenn dieser sich auch nur ein geringes Vergehen habe zuschulden kommen lassen. Kung entgegnete, daß der chinesische Begriff von Ehrlichkeit davon verschieden sei. Zwischen Vater und Sohn sei das höchste moralische Band das der Liebe und Ehrfurcht. Innerhalb dieses Rahmens nur haben sich die anderen Tugenden zu entfalten. Diese Beziehungen verlangen aber ein gegenseitiges Füreinandereintreten und Zudecken der Fehler und Schwächen vor der Außenwelt. In dieser Treue liege auch Ehrlichkeit, die sich vor jener lieblosen formalen Ehrlichkeit nicht zu schämen brauche.

19. Sittlichkeit: Ehrfurcht und Gewissenhaftigkeit

Fan Tschï fragte nach (dem Wesen) der Sittlichkeit. Der Meister sprach: »Wenn du (allein) weilst, sei ernst, wenn du Geschäfte besorgst, sei ehrfürchtig, wenn du mit andern verkehrst, sei gewissenhaft. Selbst wenn du zu den Barbaren des Ostens oder Nordens kommst, darfst du dieses (Betragen) nicht verlassen.«

Fan Tschï fragte, was man tun könne, um die Sittlichkeit auszubreiten. Der Meister sprach: »Man muß bei der eignen Person beginnen. Auch in unbewachten Momenten, wenn man unbeschäftigt ist, darf man sich nicht gehen lassen. Hier muß der Ernst der Gesinnung erwachsen, den man ins Leben hinausnimmt, so daß man alles, was man tut, mit Ehrfurcht als göttlichen Beruf ausführt, und daß alle Beziehungen zu andern Menschen unter dem selbstgewählten Gesetz des Gewissens stehen. Diese Lebenshaltung ist schlechthin verpflichtend, gänzlich unabhängig davon, mit was für Menschen man es zu tun hat. Sie ist auch über alle nationalen und sonstigen Schranken erhaben.«

20. Verschiedene Stufen von Gebildeten

Dsï Gung fragte und sprach: »Wie muß einer sein, um ihn einen Gebildeten nennen zu können?« Der Meister sprach: »Wer in seinem persönlichen Benehmen Ehrgefühl hat und wer, entsandt in die vier Himmelsrichtungen, dem Auftrag seines Fürsten keine Schande macht, den kann man einen Gebildeten nennen.« (Dsi Gung) sprach: »Darf ich fragen, was die nächste Stufe ist?« (Der Meister) sprach: »Wen seine Verwandten gehorsam nennen und wen seine Landsleute brüderlich nennen.« (Dsï Gung) sprach: »Darf ich fragen, was die nächste Stufe ist?« (Der Meister) sprach: »Wer sein Wort unter allen Umständen hält, wer seine Arbeiten unter allen Umständen fertig macht; solche Leute mögen hartköpfige Pedanten sein, dennoch stehen sie vielleicht auf der nächsten Stufe.« (Dsï Gung) sprach: »Und zu welcher (Klasse) gehören die Regierenden von heute?« Der Meister sprach: »Ach, Männer des Scheffels und des Eimers, wie wären sie es wert, mitgezählt zu werden!«

Dsï Gung fragte, welche Eigenschaften erforderlich seien, um zur geistigen Aristokratie gezählt werden zu können. Der Meister antwortete: »Wer zu den leitenden Kreisen gehören will, der muß in seinem persönlichen Auftreten auf Ehre halten, bei diplomatischen Missionen irgendwelcher Art muß er seiner Aufgabe gewachsen sein, so daß er seine Regierung zu vertreten vermag, ohne einen Makel auf sie kommen zu lassen.« Dsï Gung fragte nach der nächstfolgenden Stufe und bekam zur Antwort, daß hier diejenigen Männer in Betracht kommen, die, obwohl nicht hervorragend begabt, doch wenigstens sich eines tadellosen moralischen Rufs erfreuen, wie er gewissenhafter Befolgung der Pflichten eines guten Sohnes und ruhigen Bürgers entspringt. Dsï Gung fragte darauf noch weiter. Der Meister antwortete, daß die Klasse der querköpfigen Pedanten, sofern sie wenigstens zuverlässig seien und konsequente Arbeiter, immerhin noch in Betracht käme. Als Dsï Gung noch immer keine Antwort bekam, in die er die Staatsdiener der damaligen Zeit unterzubringen vermochte, fragte er gerade heraus, was von diesen zu halten sei. Der Meister seufzte und gab zur Antwort, daß diese Leute gar nicht in Betracht kämen als Staatsmänner, weil sie eben nur routinierte Geldmacher seien.

21. Wer ist zum Jünger geschickt?

Der Meister sprach: »Wenn ich keine (Leute) finde, die in der Mitte wandeln, um mit ihnen zu sein, so will ich wenigstens (Leute) von Enthusiasmus und Entschiedenheit. Die Enthusiasten schreiten fort und sind aufnahmefähig. Die Entschiedenen haben Grenzen, die sie nicht überschreiten.«

Der Meister sprach: »Schüler zu finden mit allseitig ausgeglichenen Anlagen, ist schwer. Kann ich keine solchen finden, so will ich mich unter den aktiv veranlagten Naturen an die enthusiastischen Choleriker halten und unter den passiven Naturen an die vorsichtig zurückhaltenden Phlegmatiker. Die ersteren haben wenigstens die Fähigkeit, sich zu entwickeln und dargebotene Wahrheiten sich anzueignen, die letzteren sind wenigstens vor gewissen moralischen Entgleisungen absolut sicher.«

22. Fluch der Unbeständigkeit

Der Meister sprach: »Die Leute im Süden haben ein Sprichwort, das heißt: ›Ein Mensch, der nicht beständig ist, der ist nicht geeignet, um Zauber oder Heilkunst zu betreiben.‹ Das ist ein wahres (Wort)!«

(Im Buch der Wandlungen steht:) »Wer nicht beständig macht seinen Geist, der wird Beschämung empfangen.«

Der Meister sprach: »Man beschäftigt sich nicht mit der Prophezeiung, das ist es.«

Der Meister zitierte ein Sprichwort, das in den Südstaaten im Volk umging: »Ein Mensch, der nicht beständig ist, dem hilft auch kein Zauber und keine Heilkunst«, und billigte seinen Sinn.

(Für das folgende läßt sich eine eindeutige Sinnangabe nicht aufstellen.)

23. Der Edle und der Gemeine I: Umgang mit anderen

Der Meister sprach: »Der Edle ist friedfertig, aber macht sich nicht gemein. Der Unedle macht sich gemein, aber ist nicht friedfertig.«

Es ist ein Zeichen geistiger Vornehmheit, im Verkehr mit andern in harmonischer Weise die Naturen gegenseitig zu ergänzen, ohne die feine Grenze einer reservierten Zurückhaltung jemals zu überschreiten. Die Massenmenschen sind überall im Augenblick intim, ohne jedoch imstande zu sein, es zu wirklicher Harmonie im Verkehr zu bringen.

24. Die Liebe und der Haß der andern

Dsï Gung fragte und sprach: »Wen seine Landsleute lieben, wie ist der?« Der Meister sprach: »Das sagt noch nichts.« »Wen seine Landsleute alle hassen, wie ist der?« Der Meister sprach: »Auch das sagt noch nichts. Besser ist's, wenn einen die Guten unter den Landsleuten lieben und die Nichtguten hassen.«

25. Der Edle und der Gemeine II: Dienst und Gunst

Der Meister sprach: »Der Edle ist leicht zu bedienen, aber schwer zu erfreuen. (Sucht man) ihn zu erfreuen, aber nicht auf dem (rechten) Weg, so freut er sich nicht, aber in seiner Verwendung der Leute berücksichtigt er ihre Fähigkeiten. Der Gemeine ist schwer zu bedienen, aber leicht zu erfreuen. (Sucht man) ihn zu erfreuen, wenn auch nicht auf dem (rechten) Weg, so freut er sich, aber in seiner Verwendung der Leute sucht er Vollkommenheit.«

Ein geistig bedeutender Mensch wird andern ihr dienstliches Verhältnis zu ihm leicht machen, doch ist es schwer, seine Gunst zu erringen. Wollte man auf streberische Weise durch unrechtmäßige Mittel es versuchen, sich bei ihm in Gunst zu setzen, so wird man ihn solchen Versuchen gegenüber vollständig unempfindlich finden. Aber im Dienst verlangt er von seinen Untergebenen nicht mehr, als ihrer Kapazität entspricht. Ein beschränkter Mensch läßt sich zwar leicht gewinnen, aber er ist ein schwieriger Vorgesetzter. Sucht man seine Gunst, so nimmt er es mit den Mitteln, die der Betreffende verwendet, nicht so genau. Aber im Dienst verlangt er das Unmögliche auf rücksichtslose Weise.

26. Der Edle und der Gemeine III: Stolz und Hochmut

Der Meister sprach: »Der Edle ist stolz, aber nicht hochmütig. Der Gemeine ist hochmütig, aber nicht stolz.«

Geistige Bedeutung ist untrennbar verbunden mit einem ruhigen Selbstbewußtsein, das von jeder Überhebung des eigenen Ichs frei ist, während der unbedeutende Mensch aus mangelnder innerer Sicherheit wohl Hochmut zur Schau tragen kann, aber nicht jene sichere Ruhe besitzt, die zu ihrer Anerkennung nicht erst der anderen bedarf.

27. Für die Sittlichkeit günstige Naturveranlagung

Der Meister sprach: »Feste Entschlossenheit, verbunden mit einfacher Wortkargheit, steht der Sittlichkeit nahe.«

Ein festes und entschlossenes Wesen, das frei ist von Heuchelei und nicht viele Worte macht, das ist die Veranlagung, welche am leichtesten dazu kommt, die Sittlichkeit zu erreichen.

28. Eigenschaften des Gemüts, die dem Gebildeten wesentlich sind

Dsï Lu fragte und sprach: »Wie muß einer sein, um ihn einen Gebildeten nennen zu können?« Der Meister sprach: »Einer, der solide, gründlich und freundlich ist, den kann man einen Gebildeten nennen. Als Freund solide und gründlich, als Bruder freundlich.«

Dsï Lu fragte, welche Eigenschaften erforderlich seien, um zur geistigen Aristokratie gezählt werden zu können. Der Meister sprach: »Wer zu den leitenden Kreisen gehören will, der muß ein solides, stetiges Wesen haben, muß in seinen Äußerungen auf Gründlichkeit und Genauigkeit halten und in seinem ganzen Benehmen milde und gütig sein. Die Solidität und Gründlichkeit wird sich namentlich im Verkehr mit Freunden zu zeigen haben, die Milde und Gütigkeit im Kreise seiner Familie.«

29. Volkserziehung und kriegerische Tüchtigkeit

Der Meister sprach: »Wenn ein tüchtiger Mann ein Volk sieben Jahre lang erzieht, so mag er es auch benutzen, um die Waffen zu führen.«

30. Mangel der Volkserziehung rächt sich im Krieg

Der Meister sprach: »Ein Volk ohne Erziehung in den Krieg führen, das heißt, es dem Untergang weihen.«

BUCH XIV
HIÄN WEN

Dieses Buch wird von verschiedenen chinesischen Kommentatoren einem unmittelbaren Schüler Kungs, dem Yüan Hiän (literarische Bezeichnung Dsï Si), zugeschrieben. Als Beweis dafür wird angeführt, daß der erste Abschnitt des Buches mit dem Vornamen des genannten Schülers beginnt, was sonst, wenn die Schüler redend eingeführt werden, nie der Fall ist. Nur als Selbstbezeichnung oder im Munde des Lehrers ist der bloße Vorname üblich. Der Inhalt des Buchs würde dazu stimmen. Eine charakteristische Geschichte wird von dem taoistischen Philosophen Dschuang Dsï über ihn erzählt. Dsï Gung, der sich in hoher amtlicher Stellung befand, sprach in pompöser Weise bei ihm vor. Yüan Hiän empfing ihn in ärmlicher, zerrissener Kleidung. Dsï Gung fragte ihn darauf, ob er übel dran sei, worauf er antwortete: »Ich habe gehört, daß, wer kein Geld hat, arm sei; wer aber die Wahrheit sucht und nicht imstande ist, sie zu finden, übel dran sei.« Auf diese Antwort hin habe Dsï Gung sich verlegen zurückgezogen.

1. Schande

Hiän fragte (was) Schande (sei). Der Meister sprach: »Ist ein Land auf rechter Bahn, (so habe man sein) Einkommen. Ist ein Land nicht auf rechter Bahn (und man genießt dennoch ein amtliches) Einkommen: das ist Schande.«

Hiän fragte, wessen man sich zu schämen habe. Der Meister sprach: »In geordneten Staatsverhältnissen ist es recht und billig, durch eine amtliche Tätigkeit seinen Lebensunterhalt zu erwerben. Sind aber die öffentlichen Verhältnisse so, daß Ungerechtigkeit am Ruder ist, dann dennoch in amtlicher Stellung seinen Lebensunterhalt zu verdienen: das ist es, dessen man sich zu schämen hat.«

2. Das Schwierige ist darum noch nicht sittlich

»Herrschsucht, Prahlerei, Groll, Begierde nicht gehen lassen: das kann für sittlich gelten.« Der Meister sprach: »Das kann für schwierig gelten, ob sittlich: das weiß ich nicht.«

Es hatte irgend jemand die Theorie aufgestellt, daß die Sittlichkeit darin bestehe, jede Äußerung egoistischer Triebe zu unterlassen. Der Meister urteilte darüber, daß eine solche Handlungsweise zwar schwer sei, daß sie aber noch nicht genüge, um die Sittlichkeit eines Menschen daraus zu erkennen; denn für die ethische Beurteilung kommen überhaupt keine bloßen Äußerlichkeiten, am wenigsten rein negative Unterlassungen in Betracht, sondern die innere Gesinnung.

3. Der Mann muß hinaus ...

Der Meister sprach: »Ein Gebildeter, der es liebt, (zu Hause) zu bleiben, ist nicht wert, für einen Gebildeten zu gelten.«

Wer sich zu den leitenden Kreisen rechnen will, darf nicht aus eigner Bequemlichkeit hinter dem Ofen sitzen bleiben wollen, er muß ins Leben hinein, wenn er seinen Namen verdienen will.

4. Wort und Tat in guter und böser Zeit

Der Meister sprach: »Wenn das Land auf rechter Bahn ist, (mag man) kühn in seinen Worten sein und kühn in seinen Taten. Wenn das Land nicht auf rechter Bahn ist, (soll man) kühn in seinen Taten sein, aber vorsichtig in seinen Worten.«

Wenn die öffentlichen Zustände gesund sind, so kann man in Worten sowohl wie in Taten etwas riskieren, weil die Zustände so sicher sind, daß jede ängstliche Spionage von selbst wegfällt. Sind dagegen die öffentlichen Zustände ungesund, so bleibt die Pflicht bestehen, in seinen Taten kühn und rücksichtslos einzugreifen, wo man ein Unrecht abstellen kann, aber was die Worte anlangt, so tut man besser, seine Meinung für sich zu behalten, um sich nicht durch unüberlegte Äußerungen unnützer Weise in Gefahr zu bringen.

5. Ausdruck und Innerlichkeit

Der Meister sprach: »Wer Geist hat, hat sicher auch das (rechte) Wort, aber wer Worte hat, hat darum noch nicht notwendig Geist. Der Sittliche hat sicher auch Mut, aber der Mutige hat noch nicht notwendig Sittlichkeit.«

Ein Mann von geistiger Bedeutung des Wesens findet sicher auch Worte, die Eindruck machen. Darum wäre es aber doch verkehrt, von eindrucksvollen Worten immer auf geistige Bedeutung zu schließen. Die Sittlichkeit der Gesinnung bedingt notwendig Mut in ihrer Ausübung, darum ist aber noch lange nicht der Mut ein Zeichen von Sittlichkeit.

6. Nicht Macht, sondern Geist ererbt das Erdreich

Nan Gung Go fragte den Meister Kung und sprach: »I war tüchtig im Bogenschießen, Au konnte ein Schiff ziehen. Alle beide fanden nicht ihren (natürlichen) Tod. Yü und Dsï bestellten eigenhändig das Feld und doch bekamen sie das Reich.« Der Meister antwortete nicht. Nan Gung Go ging hinaus. Der Meister sprach: »Ein Edler wahrlich ist dieser Mann, die Kraft des Geistes schätzt wahrlich dieser Mann.«

Nan Gung Go, der zu den einflußreichsten Kreisen im Staate Lu gehörte, legte dem Meister Kung ein Gleichnis vor und sprach: »Wir wissen aus der Geschichte des Altertums von Männern, die außerordentliche Macht und Körperkraft besaßen und eine Zeitlang eine hervorragende Stellung sich errafften. Und dennoch gingen sie vor der Zeit zugrunde. Wir wissen von andern, die in einfacher Weise das Feld bestellten, und dennoch erreichten sie den höchsten Einfluß.« – Der Meister, dem dies Gleichnis galt, schwieg bescheiden. Als aber Nan Gung Go sich zurückgezogen hatte, da spendete er ihm das höchste Lob wegen seiner vornehmen Gesinnung, vermöge deren er moralischen Wert über irdische Macht stellte.

7. Geistige Bedeutung und Sittlichkeit

Der Meister sprach: »Edle, die doch nicht sittlich sind, ja, das gibt es; nicht gibt es (aber) Gemeine, die doch sittlich wären.«

Es kann wohl vorkommen, daß jemand eine hervorragende geistige Bedeutung besitzt, ohne daß er die höchste Stufe des moralischen Werts erreiche, aber das kommt nie vor, daß ein beschränkter Mensch der Herde diese Stufe erreicht.

8. Die rechte Liebe

Der Meister sprach: »Wenn man einen liebt, ist es dann möglich, daß man nicht für ihn besorgt ist? Wenn einer gewissenhaft ist, wie wäre es dann möglich, (seinen Fürsten) nicht zu belehren?«

Kann man auch wahre Liebe zu einem haben, ohne daß man sich seinethalben bekümmert? Wie sollte es da möglich sein, daß ein gewissenhafter Beamter es versäumt, seinem Herrn die Wahrheit zu sagen, auch wenn sie ihm einmal unangenehm sein sollte?

9. Sorgfalt bei der Herstellung amtlicher Schriftstücke

Der Meister sprach: »Bei amtlichen Schriftstücken machte Bi Schen den ungefähren Entwurf; Schï Schu verbesserte und erwog; der Minister des Auswärtigen, Dä Yü, ordnete den Stil; Dsï Tschan von Dung Li (Ostdorf) gab dem Ganzen den letzten Schliff.«

Der Staat Dschong war ein kleiner Staat, der es dennoch verstand, sich inmitten übermächtiger Nachbarn zu behaupten. Der Meister gab als Ursache davon an, daß die Regierung dieses Staates die größte Sorgfalt auf ihre diplomatischen Noten verwende, um jede Übereilung zu vermeiden. Entsprechend ihren Gaben seien vier bedeutende Männer an ihrer Ausfertigung beteiligt. Der eine machte den Entwurf, der zweite verbesserte und erwog den Inhalt, der dritte stellte den Wortlaut fest, und der vierte endlich gab dem Ganzen den letzten Schliff.

10. Urteile über Zeitgenossen I: Dsï Tschan, Dsï Si, Guan Dschung

Es fragte jemand, (was von) Dsï Tschan (zu halten sei). Der Meister sprach: »Er ist ein gütiger Mann.« (Der Betreffende) fragte, (was von) Dsï Si (zu halten sei. Der Meister) sprach: »Wahrlich der, wahrlich der!« (Der Betreffende) fragte, (was von) Guan Dschung (zu halten sei. Der Meister) sprach: »Das ist ein Mann. Als er der Familie Be die Stadt Biän mit dreihundert (Familien) weggenommen hatte, (so daß der frühere Besitzer nur noch) gewöhnlichen Reis zu essen hatte, bis er keine Zähne mehr hatte, (äußerte dieser) kein Wort des Grolls (gegen ihn).«

Es befragte jemand den Meister über Dsï Tschan. Der Meister sprach: »Er ist gütig gegen das Volk.« Der Frager brachte das Gespräch auf Dsï Si. Der Meister sprach: »Über den wüßte ich weiter nichts zu sagen.« Als der andere auf Guan Dschung zu sprechen kam, sprach der Meister: »Das war ein ganzer Mann, der sogar seinen Feinden zu imponieren wußte. Als Be die Stadt Biän, die 300 Familien zählte, zu Lehen hatte, wurde infolge eines Vergehens Exekution an ihm vollzogen und ihm der ganze reiche Besitz genommen und auf Guan Dschung übertragen zur Belohnung für Verdienste um den Staat. Der frühere Inhaber der Stadt wurde dadurch in ärmliche Umstände gebracht, aus denen er sich zeitlebens nicht mehr erhob, und dennoch hat man von ihm nie ein Wort des Grolls gegen Guan Dschung gehört – so überzeugend war der Eindruck seiner Gerechtigkeit.«

11. Würdiges Ertragen der Armut schwerer als das des Reichtums

Der Meister sprach: »Arm sein, ohne zu murren, ist schwer. Reich sein, ohne hochmütig zu werden, ist leicht«.

12. Urteile über Zeitgenossen II: Mong Gung Tscho

Der Meister sprach: »Mong Gung Tscho wäre als Hausbeamter der Familien Dschau oder We vorzüglich, aber er könnte nicht Minister sein in Tong oder Siä.«

Der Meister sprach von dem Haupt der Familie Mong in Lu, namens Gung Tscho, daß er sich als Hausbeamter auch der mächtigsten Familien vorzüglich eignen würde, daß er aber als verantwortlicher Ratgeber auch eines viel kleineren, aber selbständigen Fürstentums nicht geeignet wäre.

13. Der vollkommene Mensch

Dsï Lu fragte, (wer ein) vollkommener Mensch (sei, und) [der Meister] sprach: »Wenn jemand das Wissen von Dsang Wu Dschung, die Selbstlosigkeit von Gung Tscho, den Mut des Herren Dschuang von Biän, die Geschicklichkeit von Jan Kiu besäße, und das alles gestaltet durch die Gesetze der Moral und Musik, der könnte doch sicher wohl für einen vollkommenen Menschen gelten.«

Der Meister sprach: »Ein vollkommener Mensch von heute, was braucht der all das? Wer angesichts des Gewinns auf Pflicht denkt, wer angesichts der Gefahr sein Leben opfert, bei alten Abmachungen die Worte seiner Jugend nicht vergißt, der kann auch für einen vollkommenen Menschen gelten.«

Dsï Lu fragte, wer ein vollkommener Mensch sei und sprach: »Wenn einer die Weisheit des Dsang Wu Dschung, die Selbstlosigkeit Gung Tschos, den Mut des Herren Dschuang von Biän und die Geschicklichkeit von Jan Kiu besäße, und alle diese guten Eigenschaften bei ihm noch gekrönt wären durch eine vollkommene moralische und ästhetische Bildung: der kann doch wohl für vollkommen gelten.«

Der Meister aber entgegnete: »Was bedarf es heute aller dieser Dinge, um vollkommen zu sein? Wer jeden ungerechten Gewinn verschmäht, wer in Momenten, wo Staat und Fürst in Gefahr sind, auch sein Leben zu opfern bereit ist, und wer sein untrügliches Gedächtnis besitzt für das, was er einmal versprochen hat: auch der ist ein vollkommener Mensch.«

14. Urteile über Zeitgenossen III: Gung Schu Wen Dsï

Der Meister befragte den Gung Ming Gia über Gung Schu Wen Dsï und sprach: »Ist es wahr, daß euer Meister nicht redet, nicht lacht, nichts nimmt?« Gung Ming Gia erwiderte und sprach: »Das ist durch die Erzähler übertrieben. Mein Meister redet, wenn es Zeit ist, darum werden die Menschen seiner Rede nicht überdrüssig. Er lacht, wenn er fröhlich ist, darum werden die Menschen seines Lachens nicht überdrüssig. Er nimmt, wenn es sich mit der Billigkeit verträgt, darum werden die Menschen seines Nehmens nicht überdrüssig.« Der Meister sprach: »So ist er? Wie kann er so sein!«

Der Meister erkundigte sich über einen berühmten Beamten des Staates We namens Gung Schu mit dem Beinamen »der Weise« bei dessen Schüler Gung Ming Gia, indem er fragte, ob es wahr sei, daß jener nicht rede, nicht lache und nichts annehme. Der Schüler erwiderte: »Das ist beim Weitersagen übertrieben worden. Mein Meister hat sich keineswegs jene Lebensäußerungen abgewöhnt, aber er tut alles zu seiner Zeit, wenn wirklich Grund dazu da ist; darum wird er den andern mit seinem Reden, seinem Lachen und seinem Nehmen nicht lästig.« Der Meister wunderte sich darüber und sprach: »So ist er also? Wie bringt er das nur fertig?«

15. Urteile über Zeitgenossen IV: Dsang Wu Dschung

Der Meister sprach: »Dsang Wu Dschung stützte sich auf Fang und bat so (den Fürsten von) Lu, einen Nachfolger (für ihn) zu bestellen. Obwohl man sagt, er habe keinen Druck auf den Fürsten ausgeübt, so glaube ich es nicht.«

Der Meister sprach: »Dsang Wu Dschung war aus Lu verbannt, kehrte aber zurück, besetzte die Stadt Fang und sandte einen Boten an den Fürsten von Lu, durch den er flehentlich um Ernennung eines Nachfolgers, der die Familienopfer darbringen könnte, bitten ließ. Nun gibt es Leute, die aus seinen unterwürfigen Worten schließen, er habe keinen Druck auf seinen Fürsten ausgeübt. Das glaube ich aber einfach nicht.«

16. Urteile über Zeitgenossen V: Wen von Dsin und Huan von Tsi

Der Meister sprach: »Fürst Wen von Dsin war hinterlistig und nicht aufrichtig. Fürst Huan von Tsi war aufrichtig und nicht hinterlistig.«

Der Meister sprach: »Der Fürst Wen von Dsin handelte verschlagen und unaufrichtig, während der Fürst Huan von Tsi aufrichtig und gerade handelte.«

17. Urteile über Zeitgenossen VI: Guan Dschung

Dsï Lu sprach: »Der Fürst Huan tötete den Fürstensohn Giu (seinen Bruder). Da starb auch Schau Hu mit ihm. Guan Dschung tötete sich nicht, (kann da man nicht) sagen, daß er nicht auf der (Höhe der) Sittlichkeit stand?« Der Meister sprach: »Daß der Fürst Huan die Lehnsfürsten versammeln (konnte), und das nicht mit Waffen und Wagen: das war der Einfluß Guan Dschungs. Wie (hoch steht) seine Sittlichkeit! Wie (hoch steht) seine Sittlichkeit!«

18. Urteile über Zeitgenossen VII: Guan Dschung

Dsï Gung sprach: »Guan Dschung ist doch wohl nicht sittlich vollkommen. Als der Fürst Huan den Fürstensohn Giu tötete, da konnte er (es) nicht (über sich bringen, mit diesem zu) sterben, ja er wurde dazuhin sein (Huans) Kanzler.« Der Meister sprach:

»Weil Guan Dschung der Kanzler des Fürsten Huan wurde, konnte dieser die Leitung über die Lehnsfürsten übernehmen und das Reich einigen und in Ordnung bringen. Das Volk genießt noch bis auf den heutigen Tag seine Gaben. Ohne Guan Dschung würden wir die Haare ungebunden tragen und die Kleider nach links knöpfen. Was soll da die kleine Treue eines gewöhnlichen Liebhabers und seiner Geliebten, die sich selbst töten im Bach oder Graben, ohne daß man etwas von ihnen weiß!«

19. Urteile über Zeitgenossen VIII: Gung Schu Wen Dsï

Der Beamte des Gung Schu Wen Dsï, der (spätere) Minister Dschuan, stieg gemeinsam mit Wen Dsï (die Stufen) zum (Palast des) Fürsten hinauf. Der Meister hörte es und sprach: »Das kann für ›Wen‹ (vollendet, weise) gelten.«

Gung Schu mit dem Beinamen »der Weise« hatte einen tüchtigen Hausbeamten, namens Dschuan. Als er zur Audienz bei Hofe ging, nahm er ihn mit sich und bezeugte ihm die Ehren, die man einem Gleichgestellten erweist. Dadurch erreichte er, daß dieser Mann eine seiner Tüchtigkeit angemessene Stellung im Staate erhielt. Als der Meister davon hörte, sprach er: »Schon dieser kleine Zug rechtfertigt den Beinamen ›der Weise‹.«

20. Urteile über Zeitgenossen IX: Fürst Ling von We

Der Meister sprach über den zuchtlosen Wandel des Fürsten Ling von We. Freiherr (Gi) Kang sprach: »Da das der Fall ist, was verliert er dann nicht (sein Reich)?« Meister Kung sprach: »Er hat Dschung Schu Yü zur Besorgung des (diplomatischen Verkehrs mit) Gesandten und Fremden, er hat den Priester To zur Besorgung des (fürstlichen) Ahnentempels, er hat Wang Sun Gia zur Besorgung des Heerwesens. Da das der Fall ist, was sollte er (sein Reich) verlieren?«

21. Worte und Taten I

Der Meister sprach: »Wenn jemand etwas redet ohne Schamgefühl, so wird er schwerlich es auch tun.«

Wenn man einen Menschen zu beobachten Gelegenheit hat, der in seinen Worten ohne jedes feine Schamgefühl, das allen gediegenen Menschen eigen ist, sich gehen läßt, von dem kann man ziemlich sicher sein, daß er bei der Ausführung seiner Worte unzuverlässig ist.

22. Fürstenmord

Freiherr Tschen Tschong hatte (seinen) Fürsten Giän (von Tsi) ermordet. Meister Kung badete sich und ging zu Hofe. Er zeigte es dem Fürsten Ai an und sprach: »Tschen Hong hat seinen Herren gemordet; ich bitte es zu ahnden.« Der Fürst (Ai) sprach: »Zeige es den drei Freiherren an.« Meister Kung sprach: »Nachdem ich ein öffentliches Amt bekleidet habe, wagte ich es nicht, keine Anzeige zu erstatten. Und da spricht der Herr: ›Zeige es den drei Freiherren an.‹« Er ging zu den drei Freiherren und machte Anzeige. Es half aber nichts. Meister Kung sprach: »Nachdem ich ein öffentliches Amt bekleidet habe, wagte ich es nicht, keine Anzeige zu erstatten.«

23. Fürstendienst

Dsï Lu fragte, wie man dem Fürsten diene. Der Meister sprach: »Ihn nicht betrügen und ihm widerstehen.«

Dsï Lu fragte, auf welche Weise man seine Pflicht im Dienst eines Fürsten am besten tue. Der Meister sprach: »Die erste Bedingung ist volle Aufrichtigkeit. Man muß ihn über die tatsächlichen Verhältnisse fortlaufend aufklären, ohne daß man aus falscher Rücksicht auf seine Bequemlichkeit ihm schönfärberische Berichte liefert oder hinter seinem Rücken Regierung treibt. Macht der Fürst trotz dieser Aufrichtigkeit ihm gegenüber einen Fehler, so scheue man nicht ein festes Manneswort und trete ihm ins Angesicht entgegen; denn es gilt das Wohl des Staates.«

24. Der Edle und der Gemeine: Erfahrung

Der Meister sprach: »Der Edle ist erfahren in hohen (Dingen), der Gemeine ist erfahren in niedrigen (Dingen).«

Der höhere Mensch ist mit seinem Sinnen und Denken bei den höchsten Zielen der Menschheit, und in dieser höheren Welt fühlt er sich zuhause. Die Massenmenschen sind mit ihrem Dichten und Trachten aufs Irdische gerichtet und sammeln ihre Erfahrungen auf diesem Gebiet.

25. Verschiedener Zweck der Kenntnisse

Der Meister sprach: »Die Lernenden des Altertums taten es um ihrer selbst willen, die Lernenden von heute um der Menschen willen.«

Im Altertum suchte man Kenntnisse, um sich selbst dadurch zu vervollkommnen, heutzutage sammelt man Kenntnisse, um damit vor den Leuten zu scheinen.

26. Ein guter Bote

Gü Be Yü sandte einen Mann zu Meister Kung. Meister Kung lud ihn ein zu sitzen und fragte ihn aus und sprach: »Was macht (dein) Meister?« (Jener) erwiderte und sprach: »Mein Meister wünscht seine Fehler zu verringern, aber er bringt es noch nicht fertig.« Der Bote ging weg, da sprach der Meister: »Das ist ein Bote! Das ist ein Bote!«

27. Gegen Kamarillawirtschaft

Der Meister sprach: »Wer nicht das Amt dazu hat, der kümmere sich nicht um die Regierung.«

28. Bescheidenheit

Meister Dsong sprach: »Der Edle geht in seinem Denken nicht über seine Stellung hinaus.«

29. Worte und Taten II

Der Meister sprach: »Der Edle schämt sich davor, daß seine Worte seine Taten übertreffen«.

30. Der dreifache Weg des Edlen

Der Meister sprach: »Zum Pfad des Edlen gehören drei Stücke, die ich nicht kann: Sittlichkeit macht ihn frei von Leid, Weisheit macht ihn frei von Zweifeln, Entschlossenheit macht ihn frei von Furcht.«

Dsï Gung sprach: »Das hat der Meister selbst gesagt«.

31. Richtet nicht!

Dsï Gung (pflegte) die Menschen (untereinander) zu vergleichen. Der Meister sprach: »Sï muß ja wahrlich sehr würdig sein! Ich habe zu so etwas keine Zeit.«

32. Grund zum Kummer

Der Meister sprach: »Nicht kümmere ich mich darüber, daß die Menschen mich selbst nicht kennen, sondern darüber, daß sie nicht fähig sind (das Reich zu reformieren).«

33. Argloses Wissen

Der Meister sprach: »Nicht begegnen dem Betrug und nicht sich rüsten auf Unglauben und dennoch sie auch vorausfühlen. Wer das (kann), der dürfte ein Würdiger sein.«

Manche Menschen wittern überall Betrug und wappnen sich immer gegen das Mißtrauen, das ihnen andere entgegenbringen. Sie halten sich für besonders klug, weil sie die Schliche der Menschen kennen. Aber dieser beständige Argwohn verträgt sich nicht mit einem großen Geist. Ein solcher wird vielmehr jedem Menschen unbefangen entgegentreten und nur Gutes von ihm erwarten. Wirkliche Geistesgröße kann aber dennoch nicht betrogen werden, denn sie verleiht eine Gabe intuitiver Divination, wo die Lüge sich hervorwagt.

34. Selbstverteidigung

We-Schong Mou redete zu Meister Kung und sprach: »Kiu, warum (treibst du dich immer) so aufgeregt (umher)? Du willst dich wohl im Wortemachen (üben)?« Meister Kung sprach: »Ich wage es nicht, bloße Worte zu machen, aber ich hasse beschränkte Hartnäckigkeit.«

35. Das Roß

Der Meister sprach: »An einem Roß schätzt man nicht die Stärke, sondern die Rasse.«

Ein edler Renner wird nicht danach beurteilt, wieviel er ziehen kann, sondern nach seiner Qualität. So ist auch in der Beurteilung der Menschen das Ausschlaggebende nicht die Stärke der Talente, sondern die Persönlichkeit.

36. Vergeltung

Es sprach jemand: »Durch Güte Unrecht zu vergelten, wie ist das?« Der Meister sprach: »Womit soll man dann Güte vergelten? Durch Geradheit vergelte man Unrecht, durch Güte vergelte man Güte«.

Es fragte jemand, was der Meister über den Grundsatz denke, den Übelwollenden gegenüber sich gütig zu erweisen. Der Meister erwiderte: »Das ist kein Grundsatz, der auf die Staatsregierung angewandt werden kann. Womit will ein Fürst dann wirkliche Hingebung vergelten? Den Übelwollenden gegenüber sei man gerade, d. h. so, daß man sich selbst nichts vergibt, und sein Wesen erschließe man nur denen, die uns das Ihrige darbringen.«

37. Ergebung in das Schicksal I: Verkennung

Der Meister sprach: »Es gibt keinen, der mich kennt!« Dsï Gung sprach: »Was heißt das, daß niemand den Meister kenne?« Der Meister sprach: »Ich murre nicht wider Gott und grolle nicht den Menschen. Ich forsche hier unten, aber ich dringe durch nach oben. Wer mich kennt, das ist Gott.«

38. Ergebung in das Schicksal II: Verleumdung

Gung Be Liau hatte Dsï Lu bei dem Freiherrn Gi verleumdet. Der Graf Dsï-Fu Ging zeigte es (dem Meister) an und sprach:

»Unser Herr ist allerdings in seiner Meinung irregeleitet worden, aber was den Gung Be Liau anlangt, so reicht meine Macht aus, es dahin zu bringen, daß (sein Leichnam) bei Hofe oder auf dem Markt ausgestellt wird.« Der Meister sprach: »Wenn die Wahrheit sich ausbreiten soll, so ist das (Gottes) Wille; wenn die Wahrheit untergehen soll, so ist das Gottes Wille. Was kann der Gung Be Liau gegen den Willen Gottes?«

39. Weltflucht

Der Meister sprach. »Die Würdigsten ziehen sich von der *Welt* zurück. Die Nächstfolgenden ziehen sich von einem bestimmten *Ort* zurück. Die Nächstfolgenden ziehen sich vor (unfreundlichen) *Mienen* zurück. Die Nächstfolgenden ziehen sich vor *Worten* zurück.«

Es gibt verschiedene Gründe der Weltflucht. Die Würdigsten haben überhaupt der Welt prinzipiell abgesagt. Andere gibt es, die ziehen sich in die Einsamkeit zurück, um der Ungerechtigkeit eines bestimmten Landes zu entgehen. Wieder andere ziehen sich zurück, wenn sie bei ihrem Herrscher auf unfreundliche Mienen und abweisendes Betragen stoßen. Die letzten endlich ziehen sich zurück, wenn sie geradezu dazu aufgefordert worden sind.

40. Kulturschöpfer

Der Meister sprach: »Sieben Männer gibt es, die geschaffen haben.«

Der Meister sprach: »Wir verdanken unsere Kultur der schöpferischen Tätigkeit von sieben großen Männern.«

41. Am Steintor

Dsï Lu übernachtete am Steintor. Der Türmer sprach. »Woher?« Dsï Lu sprach: »Von einem namens Kung.« Da sprach (jener): »Ist das nicht der (Mann), der weiß, daß es nicht geht, und dennoch fort macht?«

42. Des Meisters Musik und der Eremit von We

Der Meister spielte im (Staate) We auf dem Musikstein. Da ging ein Mann mit einem Strohkorb auf der Schulter an der Tür Kungs vorüber und sprach: »Wahrlich, er hat es im Herzen, der (da) den Musikstein spielt!« Nach einer Weile da sprach er: »Wahrlich verächtlich ist dieses hartnäckige Gebimmel. Wenn einen niemand kennt, so läßt man es sein, und damit fertig. ›Durch tiefes, tiefes Wasser muß man mit den Kleidern durch, durch seichtes Wasser kann man mit aufgeschürzten Kleidern waten.‹« Der Meister sprach: »Wahrlich, das ist Entschiedenheit, (aber) dabei ist keine Schwierigkeit.«

Im Staate We spielte einst der Meister auf einem Instrument aus klingenden Steinen, um seiner Stimmung Ausdruck zu geben. Da begab es sich, daß ein taoistischer Eremit, der sich von der Welt zurückgezogen hatte, mit einem Strohkorb auf der Schulter vor Kungs Hause vorüberging. Als er die Musik hörte, blieb er stehen und horchte, dann sprach er: »Dem geht's zu Herzen, das Leid der Welt, der da drin Musik macht.« Nach aber einer Weile fügte er hinzu: »Und doch, wie beschränkt ist die Hartnäckigkeit, die aus seinem Gebimmel spricht. Wenn man nichts von uns wissen will, so gibt man es einfach auf, und damit ist's gut, wie es im Buch der Lieder heißt (I, III, 9):

›Geht das Wasser zum Gürtel, dann einfach durch.
Geht's nur zum Knie, dann mag man sich schürzen.‹«

Der Meister sprach, als er das hörte: »Der hat leicht reden, seine Art von Konsequenz ist nicht schwer«.

43. Hoftrauer

Dsï Dschang sprach: »Im ›Buch‹ steht: ›Gau Dsung weilte im Trauerzelt und sprach drei Jahre lang kein Wort.‹ Was bedeutet das?« Der Meister sprach: »Warum (nennst du) gerade Gau Dsung? Die Alten machten es alle so. Wenn der Fürst verschieden war, so besorgten die hundert Beamten das Ihrige, indem sie auf den Kanzler hörten drei Jahre lang.«

Dsï Dschang fragte über eine Stelle des Schu Ging, wo von dem Kaiser Gau Dsung (Wu Ding von der Yin-Dynastie, 1324 bis 1264 v. Chr.) gesagt wird, daß er während der dreijährigen Trauerzeit sich in dem neben dem Grab seines Vorgängers aufgeschlagenen Trauerzelt aufhielt, ohne ein Wort zu reden. Der Meister antwortete: »Es handelt sich hier nicht um einen Spezialfall, sondern um eine Sitte, die im ganzen Altertum üblich war. Nach dem Ableben eines Fürsten zog sich der Nachfolger drei Jahre lang von der Regierung zurück, und die einzelnen Beamten besorgten die verschiedenen Ressorts nach den Angaben des Staatsministers. Auf diese Weise war die Erfüllung der Pflichten der Pietät für die Fürsten ermöglicht, ohne daß die Regierungsgeschäfte darunter Not gelitten hätten.«

44. Macht der Kultur

Der Meister sprach: »Wenn die Oberen Kultur haben, so ist das Volk leicht zu verwenden.«

Wenn die regierenden Kreise sich wirklich bestreben, in der Aneignung der Kulturformen sich zu allseitig gebildeten Menschen zu entwickeln, so werden sie in den Augen der Untertanen so ehrwürdig, daß niemand ihnen sich zu widersetzen wagt, sondern das Volk zu allen Diensten sich bereit finden läßt.

45. Der Edle: Ausbildung der Persönlichkeit

Dsï Lu fragte nach dem (Wesen des) Edlen. Der Meister sprach: »Er bildet sich selbst aus (sittlichem) Ernst.« (Dsï Lu) sprach: »Ist es damit schon fertig?« (Der Meister) sprach: »Er bildet sich selbst, um andern Frieden zu geben.« (Dsï Lu) sprach: »Ist es damit schon fertig?« (Der Meister) sprach: »Er bildet sich selbst, um den hundert Namen Frieden zu geben. Sich selbst bilden, um den hundert Namen Frieden zu geben: selbst Yau und Schun machte das noch Schwierigkeiten.«

Dsï Lu fragte, wie sich ein vornehmer Charakter betätige. Der Meister sprach: »Der vornehme Charakter bemüht sich, eine sorgfältige und allseitige Bildung seiner gesamten Persönlichkeit zu erreichen, voll Ehrfurcht gegen die anvertrauten Gaben, die ihm verliehen sind.« Dsï Lu fuhr los: »Und das ist alles?« Der Meister fuhr fort: »Durch diese Ausbildung der Persönlichkeit wird er auf seine ganze Umgebung einen guten Einfluß ausüben.« Aber der Jünger war auch damit noch nicht zufrieden. Da sprach der Meister: »Durch eine vollkommene Bildung strebt er zugleich nach dem Ziel, allen Menschen auf Erden Frieden zu geben. Diese Aufgabe ist aber so groß, daß selbst die Herrscher des goldenen Zeitalters, ein Yau und Schun, sie nicht zu lösen vermochten.«

46. In der Heimat I: Der alte Yüan

Yüan Jang blieb auf dem Boden hocken, als er (auf den Meister) wartete. Der Meister sprach: »In der Jugend war er nicht folgsam und bescheiden, erwachsen hat er nichts (Bemerkenswertes) geleistet, jetzt ist er alt und stirbt nicht einmal: das ist ein (Tag-)Dieb.« Damit nahm er seinen Stab und schlug ihm auf den Schenkel.

47. *In der Heimat II: Der Junge aus Küo*

Ein Junge aus der Gegend von Küo war (bei dem Meister) angestellt, um Gäste zu melden. Es fragte jemand über ihn und sprach: »Macht er Fortschritte?« Der Meister sprach: »Ich sehe, daß er sich immer auf den Platz (eines Erwachsenen) setzt, ich sehe, daß er älteren Personen nicht den Vortritt läßt: Er strebt nicht danach, Fortschritte zu machen, er will es rasch zu etwas bringen«.

BUCH XV
WE LING GUNG

Das Buch enthält 41 Abschnitte. Es schließt sich in der ganzen Art einigermaßen an das vorige an, wenn es auch mehr einzelne Aphorismen enthält als jenes und weniger historische Beziehungen. Ebenso wie das letzte Buch enthält es eine Reihe von Aussprüchen, die für die Feststellung der Lehre Kungs von grundlegender Wichtigkeit sind. Über Verfasser u. dgl. ist nichts Spezielles überliefert.

1. Der Meister in We und Tschen

Der Fürst Ling von We fragte den Meister Kung nach (dem Wesen) der Schlachtordnung. Meister Kung erwiderte und sprach: »Was Opferplatten- und Opferschalenangelegenheiten betrifft, so habe ich davon gehört. Heeres- und Truppenangelegenheit habe ich noch nicht gelernt.« Daraufhin reiste er am folgenden Tage ab.

Als Kung auf seiner Wanderung durch We kam, war der Fürst Ling so sehr mit seinen kriegerischen Unternehmungen beschäftigt, daß er auch Kung über nichts anderes befragte als über militärische Angelegenheiten. Kung lehnte es jedoch ab, auf diese Dinge einzugehen, weil er wohl in religiösen Dingen erfahren, nicht aber militärischer Fachmann sei. Da er erkannte, daß unter den herrschenden Verhältnissen in We nichts zu hoffen war, verließ er das Land.

In Tschen gingen die Lebensmittel aus. Die Nachfolger wurden so schwach, daß sie nicht aufstehen konnten. Dsï Lu erschien murrend (bei dem Meister) und sprach: »Gibt es für den Edlen auch Not?« Der Meister sprach: »Der Edle bleibt fest in der Not. Wenn der Gemeine in Not kommt, so wird er trotzig.«

Auf den Wanderungen gingen in Tschen einmal sieben Tage lang die Nahrungsmittel aus. Die Jünger wurden alle vor Hunger so schwach, daß sie sich nicht mehr erheben konnten. Nur Dsï Lu hatte noch so viel Kraft, daß er den Meister aufsuchen konnte. Murrend sprach er zu ihm: »Kann denn ein anständiger Mensch auch in eine solche Not kommen?« Der Meister sprach: »Gewiß ist das möglich. Aber ein charaktervoller Mensch weiß sich zu beherrschen in solchen Notzeiten, während ein gemeiner Mensch durch die Not sofort alle Selbstbeherrschung und allen Halt verliert.«

2. Die Summe des Wissens

Der Meister sprach: »Sï, du hältst mich wohl für einen, der vieles gelernt hat und es auswendig kann?« Er erwiderte und sprach: »Ja, ist es nicht so?« (Der Meister) sprach: »Es ist nicht so; ich habe Eines, um (alles) zu durchdringen«.

Der Meister sprach zu Dsï Gung: »Du denkst wohl, daß ich mir viele Detailkenntnisse gedächtnismäßig angeeignet habe?« Worauf der Jünger höflich um genauere Ausführung bittet. Der Meister sagte darauf: »Die Hauptsache ist, daß man das große Grundprinzip erfaßt, das allem gibt den Leitfaden für die Durchforschung und sachgemäße Gliederung des Details. Erst ein solches sachgemäß geordnetes Wissen ist Wissen.«

3. Die Macht des Geistes

Der Meister sprach: »Yu, wenige sind ihrer, die die Macht des Geistes kennen.«

Der Meister sprach zu Dsï Lu, vermutlich mit Beziehung darauf, daß er in jenen Zeiten der Not in Tschen Ärgernis genommen hatte an ihm: »Wenige Menschen sind imstande, die Macht des Geistes zu würdigen; die meisten lassen sich immer wieder von der Außenwelt, der Materie, imponieren und werden kleingläubig, wenn es einmal hart geht. Aber der Mensch des Geistes steht unter Gottes besonderem Schutz, ihm kann die Welt nichts anhaben«.

4. Vom Nichtstun

Der Meister sprach: »Wer ohne etwas zu tun (das Reich in) Ordnung hielt, das war Schun. Denn wahrlich: was tat er? Er wachte ehrfürchtig über sich selbst und wandte ernst das Gesicht nach Süden, nichts weiter!«

Der Meister sprach: »Der heilige Herrscher Schun hat es am besten verstanden, ohne alle äußere Geschäftigkeit durch die bloße Macht seines persönlichen Einflusses das Reich in Ordnung zu halten. Für alle einzelnen Verrichtungen hatte er die rechten Leute, so daß er sich nicht in das äußere Getriebe einzumischen brauchte, sondern sich darauf beschränken konnte, durch höchste Kultur seiner Persönlichkeit den stillen Einfluß seines Wesens als Herrscher wirken zu lassen.«

5. Geheimnis des Erfolgs

Dsï Dschang fragte nach (den Bedingungen des) Vorwärtskommens. Der Meister sprach: »Im Reden gewissenhaft und wahr sein, im Handeln zuverlässig und sorgfältig sein: ob man auch unter den Barbaren des Südens oder Nordens weilt, damit wird man vorwärtskommen. Wenn man aber im Reden nicht gewissenhaft und wahr ist und im Handeln nicht zuverlässig und sorgfältig: ob man auch in der nächsten Nachbarschaft bleibt: kann man damit überhaupt vorwärtskommen? Wenn man steht, so sehe man diese Dinge wie das Zweigespann vor sich, wenn man im Wagen sitzt, so sehe man sie wie die Seitenwände neben sich. Auf diese Weise wird man vorwärtskommen.« Dsï Dschang schrieb es sich auf seinen Gürtel.

Dsï Dschang fragte, wie man es machen müsse, um voranzukommen. Der Meister sprach: »Die Bedingungen dazu sind jedem Menschen in die Hand gegeben: Gewissenhaft und wahr im Reden, zuverlässig und sorgfältig im Handeln, diese Eigenschaften sind es, die überall auf der ganzen Welt das Vorwärtskommen ermöglichen; ohne diese Eigenschaften ist aber selbst in der nächsten Umgebung kein Vorankommen denkbar. Will man in einem Kriegswagen fahren, so weiß man, daß man, als Wagenlenker darin stehend, immer die Rosse vor Augen haben muß. Und wenn man hinter dem Wagenlenker ist, so muß man immer die Schutzwände neben sich haben. Also ist es auch im Leben: Wahrhaftigkeit und Gewissenhaftigkeit sind gleichsam das Gespann und die Schutzwände, die man keinen Augenblick aus den Augen lassen darf, wenn man vorankommen will.« Dsï Dschang schrieb sich daraufhin die Worte auf seinen Gürtel.

6. Urteil über Zeitgenossen I: Dsï Yü und Gü Be Yü von We

Der Meister sprach: »Gerade wahrlich war der Geschichtsschreiber Yü! Wenn das Land in Ordnung war, so war er wie ein Pfeil; wenn das Land ohne Ordnung war, so war er wie ein Pfeil.«

»Ein Edler ist wahrlich Gü Be Yü! Wenn das Land in Ordnung ist, so ist er im Amt; wenn das Land ohne Ordnung ist, so kann er (sein Wissen) zusammenrollen und es im Busen verbergen.«

7. Worte und Menschen

Der Meister sprach: »Trifft man einen, mit dem zu reden es sich verlohnte, und redet nicht mit ihm, so hat man einen Menschen verloren. Trifft man einen, mit dem zu reden sich nicht verlohnt, und redet doch mit ihm, so hat man seine Worte verloren. Der Weise verliert weder einen Menschen noch seine Worte.«

8. Das Leben ist der Güter höchstes nicht

Der Meister sprach: »Ein willensstarker Mann von sittlichen Grundsätzen strebt nicht nach Leben auf Kosten seiner Sittlichkeit. Ja, es gab solche, die ihren Leib in den Tod gaben, um ihre Sittlichkeit zu vollenden«.

9. Der Weg zur Sittlichkeit

Dsï Gung fragte, (was man tun müsse) um sittlich vollkommen zu werden. Der Meister sprach: »Ein Arbeiter, der seine Arbeit recht machen will, muß erst seine Werkzeuge schleifen. Wenn du in einem Lande wohnst, so diene dem Würdigsten unter seinen Großen und mache dir die Besten unter seinen Gelehrten zu Freunden.«

10. Regierungsgrundsätze

Yän Yüan fragte nach (den Grundsätzen für die) Regierung eines Landes. Der Meister sprach: »In der Zeiteinteilung der Hia-Dynastie folgen, im Staatswagen der Yin-Dynastie fahren, die Kopfbedeckung der Dschou-Dynastie tragen. Was die Musik anlangt, so nehme man die Schau-Musik mit ihren rhythmischen Bewegungen. Den Klang der Dschong(-Musik) verbieten und beredte Menschen fernhalten; denn der Klang der Dschong(-Musik) ist ausschweifend, und beredte Menschen sind gefährlich«.

Der Lieblingsjünger Yän Yüan (Hui) fragte nach den Grundsätzen der Landesregierung. Der Meister antwortete: »Was für den Herrscher vor allem notwendig ist, das ist, daß der Verlauf des menschlichen Lebens mit den ewigen Ordnungen der Welt übereinstimmt; das geschieht durch die Ordnung der Zeit. Bei dieser Ordnung der Zeit schließe man sich an die Ordnung der Hia-Dynastie an, die das Jahr mit dem Frühling beginnen läßt: auf diese Weise steht die menschliche Tätigkeit am schönsten im Einklang mit dem Naturlauf. Die zweite notwendige Handlung des Herrschers besteht in der Ordnung der Gebrauchsgegenstände des täglichen Lebens. Für diese Gebrauchsgegenstände ist der wichtigste Grundsatz einfache und solide Sachlichkeit, wie das zur Zeit der Yin-Dynastie üblich war. Die dritte Kultureinrichtung ist die Religion und der Ausdruck der moralischen Gesinnung, wie er in den festlichen Zeremonien zutage tritt. Hier kann man sich der Pracht und

Feinheit der Dschou-Dynastie anschließen, weil diese Pracht die ganze Lebenshaltung hebt. Die Kunst der Musik nehme die klassische Tonkunst des Altertums zum Vorbild, die Reinheit der Stimmung und Vollendung des Ausdrucks verbindet.

Diese Ordnungen müssen als eine objektive Macht gleich Naturgesetzen das ganze Leben regeln. Daher muß man alles fernhalten, was ihre Wirkung beeinträchtigen könnte. Das ist in erster Linie die nervös anreizende moderne Musik, die der Stimmung zu viel Spielraum gibt, und die eindrucksvollen Redner, die durch ihre spitzfindige Subjektivität alle Schranken der Wahrheit überspringen und gerade durch den Einfluß ihrer Subjektivität eine Gefahr für das Gemeinwesen bedeuten.«

11. Vorbedacht

Der Meister sprach: »Wer nicht das Ferne bedenkt, dem ist Betrübnis nahe.«

12. Himmlische und irdische Liebe

Der Meister sprach: »Es ist alles aus! Ich habe noch keinen gesehen, der moralischen Wert liebt ebenso, wie er die Frauenschönheit liebt«.

13. Urteile über Zeitgenossen II: Dsang Wen Dschung

Der Meister sprach: »Dsang Wen Dschung, das ist einer, der seinen Platz gestohlen hat. Er kannte die Würdigkeit des Hui von Liu Hia und hat ihm doch keine Stellung verschafft.«

14. Vermeidung von Groll

Der Meister sprach: »Wenn man selbst (lieber) zu viel tut und wenig von andern erwartet, so bleibt man fern vom Groll«.

15. Wichtigkeit des eigenen Denkens

Der Meister sprach: »Wer nicht spricht: Wie kann ich das machen? Wie kann ich das machen? – Mit dem kann ich nichts machen«.

16. Trivialität

Der Meister sprach: »Herdenweise zusammensitzen den ganzen Tag, ohne daß die Rede die Pflicht berührt; es lieben, kleine Schlauheiten auszuführen: wahrlich, (mit denen hat man es) schwer.«

Es gibt Leute, die den ganzen Tag beisammensitzen können, ohne daß das Gespräch auch nur einmal ein Thema von allgemeinem Interesse berührte; die nur darauf aus sind, alles recht schlau und praktisch zu machen: das ist ein schwerer Fall.

17. Der Edle I: Handlungsweise

Der Meister sprach: »Die Pflicht als Grundlage, Anmut beim Handeln, Bescheidenheit in den Äußerungen, Treue in der Durchführung: wahrlich, so ist ein Edler!«

Die Grundlage aller Willensentschließung muß die Pflicht sein. Eine pflichtgemäße Handlung wird aber in ihrer Erscheinung durch Befolgung der Formen des Kulturlebens geregelt, das ganze Benehmen sei bescheiden und vorsichtig im Reden, aber um so konsequenter in der pünktlichen Durchführung der Maximen. Diese vier Dinge: Unterwerfung unter die Pflicht, Anmut, Bescheidenheit, Treue, sind das Zeichen eines wirklich sittlich und ästhetisch kultivierten Menschen.

18. Der Edle II: Grund zum Kummer

Der Meister sprach: »Der Edle leidet darunter, daß er keine Fähigkeiten hat, er leidet nicht darunter, daß die Menschen ihn nicht kennen.«

19. Der Edle III: Unsterblichkeit

Der Meister sprach: »Der Edle haßt (den Gedanken), die Welt zu verlassen, ohne daß sein Name genannt wird«.

20. Der Edle IV: Ansprüche

Der Meister sprach: »Der Edle stellt Anforderungen an sich selbst, der Gemeine stellt Anforderungen an die (andern) Menschen«.

21. Der Edle V: Soziale Beziehungen

Der Meister sprach: »Der Edle ist selbstbewußt, aber nicht streitsüchtig, umgänglich, aber macht sich nicht gemein.«

Einen höheren Menschen erkennt man an seinem Benehmen in der Gesellschaft. Er ist selbstbewußt, aber ohne daß er das Bedürfnis hätte, seine Meinungen andern aufzudrängen. Er hat die Fähigkeit, mit andern gesellschaftlich zusammenzuleben, aber er hält sich frei von allem Koterie- und Cliquenwesen.

22. Der Edle VI: Urteil über Menschen und Worte

Der Meister sprach: »Der Edle wählt nicht nach ihren Worten die Menschen und verwirft nicht nach den Menschen ihre Worte«.

Ein gereifter Charakter weiß zu unterscheiden zwischen dem Wesen eines Menschen und den Worten, die er spricht. Wenn es gilt, einen Menschen für irgend eine Stellung auszuwählen, so wird er sich nicht nach Worten und »Gesinnungstüchtigkeit« richten, sondern nach den wirklichen Fähigkeiten. Aber ebensowenig verwirft er ein gutes Wort ohne weiteres nur deshalb, weil es ein minderwertiger oder mißliebiger Mensch gesprochen.

23. Praktischer Imperativ

Dsï Gung fragte und sprach: »Gibt es ein Wort, nach dem man das ganze Leben hindurch handeln kann?« Der Meister sprach: »Die Nächstenliebe. Was du selbst nicht wünschest, tu nicht an andern.«

Dsï Gung fragte, ob es eine einzelne Maxime gebe, durch die das ganze Leben praktisch zu bestimmen sei. Der Meister sprach: »Es ist das Prinzip der Sympathie, daß man niemand anderem etwas zufügt, von dem man aus eigner Erfahrung weiß, daß man es nicht als gerecht empfindet«.

24. Gerechte Beurteilung (sine ira et studio)

Der Meister sprach: »In meinem Verhältnis zu andern: Wen habe ich verleumdet, wen habe ich überschätzt? Wird einer (von mir) hochgeschätzt, so ist er erprobt. Diese (Behandlung der) Untertanen ist die gerechte Ordnung, die die drei Dynastien angewandt haben.«

Der Meister sprach: »In meiner Beurteilung der Menschen bemühe ich mich stets um eine vorurteilsfreie Einschätzung. Ich suche mich von ungerechter Verwerfung ebenso zurückzuhalten wie von übertriebenem Lob. Wenn ich einem Menschen gegenüber im Lob über das Maß hinauszugehen scheine, so habe ich doch immer meine Gründe dafür, daß er es rechtfertigen wird. Dieses Verhältnis zu den Untertanen war das große Prinzip der Gerechtigkeit, das die Gründer der drei großen Dynastien so berühmt gemacht hat.«

25. Einst und jetzt

Der Meister sprach: »Ich habe noch erreicht (erlebt) eines Geschichtschreibers – Lücke im Text –. Wer ein Pferd hatte, lieh es andern zum Reiten. Heute gibt es das nicht mehr«.

26. Schlauheit und Unverträglichkeit als Hindernisse

Der Meister sprach: »Geschickte Worte stören geistigen Wert. Ist man im Kleinen nicht nachsichtig, so stört man große Pläne.«

Jene eindrucksvollen Redner, die ohne innere Bedeutung doch ihre Worte geschickt zu wählen verstehen, sind es, welche die Wirksamkeit wirklich bedeutender Männer am meisten behindern. Läßt man sich durch kleine Eifersüchteleien bestimmen, so darf man sicher sein, daß große Gedanken nicht zur Ausführung kommen können. Darum, wenn man einen ungewöhnlichen Mann gefunden hat, so muß man ihm jenes große Vertrauen schenken, das nicht durch geschickte Redner oder kleinliche Unverträglichkeit gestört werden kann, damit er etwas Ganzes und Großes leisten kann.

27. Der Parteien Gunst und Haß

Der Meister sprach: »Wo alle hassen, da muß man prüfen; wo alle lieben, da muß man prüfen.«

28. Die Wahrheit und ihre Vertreter

Der Meister sprach: »Die Menschen können die Wahrheit verherrlichen, nicht verherrlicht die Wahrheit die Menschen.«

Die Wahrheit wird dadurch groß und einflußreich, daß ein bedeutender Mensch für sie eintritt und sie in seiner Person verkörpert. Nicht aber wird ein kleiner Mensch dadurch groß, daß er eine große Wahrheit bekennt.

29. Fehler ohne Besserung

Der Meister sprach: »Einen Fehler machen und sich nicht erst bessern: das heißt fehlen.«

30. Nachdenken und Lernen

Der Meister sprach: »Ich habe oft den ganzen Tag nicht gegessen und die ganze Nacht nicht geschlafen, um nachzudenken. Es nützt nichts; besser ist es, zu lernen«.

Der Meister sprach: »Ich habe es mir auch sauer werden lassen mit Spekulationen über die Wahrheit. Aber die Welt ist zu groß und schwer zu verstehen, als daß ein einzelner Mensch ihre Geheimnisse ergründen könnte. Der Weg, um vorwärts zu kommen, ist vielmehr der, daß wir die Kulturüberlieferung, die die Geschlechter vor uns geschaffen haben, uns lernend aneignen und auf Grund dieses Erbes der Vergangenheit die Erkenntnis fördern«.

31. Der Edle VII: Die vornehmste Sorge

Der Meister sprach: »Der Edle trachtet nach der Wahrheit, er trachtet nicht nach Speise. Beim Pflügen kann man in Not kommen; beim Lernen kann man zu Brot kommen. Der Edle trauert um der Wahrheit willen, er trauert nicht um der Armut willen«.

Das Streben des höheren Menschen ist auf die Wahrheit gerichtet, nicht auf irdische Güter. Die Verteilung der irdischen Güter hängt ja so oft vom Zufall ab. Es ist ja durchaus nicht gesagt, daß der, der sein ganzes Leben dem Broterwerb gewidmet hat, auch immer der Not entgeht. Ebensowenig ist es ausgemacht, daß, wer sich dem Studium zugewandt hat, nun notwendig auf jeden Besitz verzichten müsse. Aber das Herz ist nicht dabei. Das ganze Sehnen des höheren Menschen geht nach der Wahrheit, nicht danach, aus der Armut herauszukommen.

32. Was ein Regent braucht: Weisheit, Sittlichkeit, Würde und Form

Der Meister sprach: »(Wenn einer) durch sein Wissen (ein Amt) erreicht hat, aber es nicht durch seine Sittlichkeit bewahren kann, so wird er es, obwohl er es erlangt hat, verlieren. Wenn einer durch sein Wissen es erreicht hat, durch seine Sittlichkeit es bewahren kann, aber bei seiner Ausübung keine Würde zeigt, so wird das Volk ihn nicht ehren. Wenn einer durch sein Wissen es erreicht hat, durch seine Sittlichkeit es bewahren kann, bei seiner Ausübung Würde zeigt, aber es nicht entsprechend dem Gesetz der schönen Form bewegt, so ist er noch nicht tüchtig.«

Um eine leitende Stellung unter den Menschen zu bekommen, dazu bedarf es vor allem des überlegenen Wissens. Zur Festhaltung einer solchen Position ist aber Sittlichkeit vonnöten. Ohne die Sittlichkeit wird sich auch eine schon errungene Stellung nicht dauernd festhalten lassen. Diese materialen Qualitäten bedürfen in ihrer Erscheinung noch der Vollendung durch die rechte Form: die Würde muß herrschen, die die Achtung der Untergebenen erzeugt, und als Regel für alle Handlungen die Anmut, die den Stempel der Vollendung auf alles drückt.

33. Der Edle und der Gemeine VIII: Verschiedene Verwendbarkeit

Der Meister sprach: »Den Edlen kann man nicht an Kleinigkeiten erkennen, aber er kann Großes übernehmen. Der kleine Mann kann nicht Großes übernehmen, aber man kann ihn in Kleinigkeiten erkennen«.

Den großen Mann kann man nicht erkennen, wenn man ihm kleinliche Dienste zumutet, aber einer großen Aufgabe wird er gewachsen sein. Die Mittelmäßigkeit kann keine großen Werke tun, aber man kann ihre Talente in untergeordneten Diensten erkennen. Darum: jeder an seinem Platz.

34. Sittlichkeit als Lebenselement

Der Meister sprach: »Sittlichkeit ist noch mehr für die Menschen als Wasser und Feuer. Ins Feuer und Wasser habe ich schon Menschen treten sehen und daran sterben. Noch nie habe ich einen gesehen, der in die Sittlichkeit trat und daran starb.«

Noch wichtiger als die notwendigsten Lebenselemente wie Feuer und Wasser ist für den Menschen die Sittlichkeit. Denn so wohltätig des Feuers und des Wassers Macht sein kann, diese Mächte bergen doch Gefahren für den Menschen, während man sich der Sittlichkeit nahen kann ohne jede Befürchtung vor Gefahren.

35. Keinen Vortritt

Der Meister sprach: »Die Sittlichkeit ist jedes Menschen Pflicht. Hier darf man (sogar) dem Lehrer nicht den Vortritt lassen.«

Der Schüler soll bescheiden sein und in allen Dingen dem Lehrer den Vortritt lassen. Nur im Streben nach der Sittlichkeit muß jeder so rasch und so weit wie möglich zu kommen suchen ohne Rücksicht selbst auf den Lehrer.

36. Der Edle IX: Festigkeit

Der Meister sprach: »Der Edle ist beharrlich, aber nicht hartnäckig«.

Es ist das Zeichen eines gereiften Menschen, daß er sich in seinem großen Streben nach höheren Zielen nicht durch kleinliche Rücksichten und pedantische Erwägungen aufhalten läßt.

37. Gewissenhafter Fürstendienst

Der Meister sprach: »Im Dienst des Fürsten soll man sein Werk wichtig nehmen und sein Einkommen hintansetzen«.

38. Jenseits der Standesunterschiede

Der Meister sprach: »Beim Lehren gibt es keine Standesunterschiede.«

Die höhere Bildung ist etwas allgemein Menschliches. Ihr Gebiet ist jenseits der Schranken des Standes und der Herkunft, welche die Massen der Menschen voneinander scheiden.

39. Prinzipielle Übereinstimmung als Grundlage für gemeinsame Arbeit

Der Meister sprach: »Wenn man in den Grundsätzen nicht übereinstimmt, kann man einander keine Ratschläge geben.«

Ehe man einem andern einen guten Rat gibt oder einen solchen von andern erbittet, sollte man sich erst vergewissern, ob man in den Grundprinzipien, um die es sich handelt, einig ist. Wo diese Übereinstimmung fehlt, sind Ratschläge nur von Übel.

40. Deutlichkeit des Stils

Der Meister sprach: »Wenn man sich durch seine Rede verständlich macht, so ist der Zweck erreicht.«

Ein Gesandter bekommt von seiner Regierung die Grundlinien seiner Instruktion mit. Seine Sache ist es, diesen Grundlinien je nach Umständen und Verhältnissen den rechten Ausdruck zu verschaffen, damit er die Zwecke seiner Regierung erreicht, ohne unnötige Umschweife zu machen und ohne durch zu große Kürze zu Mißverständnissen Anlaß zu geben.

41. Der Meister und der blinde Musiker

Der Musikmeister Miän machte einen Besuch. Als er vor die Stufen kam, sprach der Meister: »Hier sind Stufen.« Bei der Matte angelangt sprach der Meister: »Hier ist die Matte.« Als alle saßen, teilte es (ihm) der Meister mit und sprach: »Der und der ist hier, der und der ist da.«

Als der Musikmeister Miän hinausgegangen war, fragte Dsï Dschang und sprach: »Ist das die Art, wie man mit einem Musikmeister zu reden hat?« Der Meister sprach: »Ja, sicherlich muß man einem Musikmeister so behilflich sein«.

BUCH XVI
GI SCHÏ

Das Buch enthält 14 Abschnitte. Der letzte ist ein Zusatz über die Bezeichnung der Landesfürstin. Abschnitt 13 enthält ein Gespräch eines Jüngers mit Kungs Sohn, Be Yü, Abschnitt 12 eine vergleichende Beurteilung des Fürsten Ging von Tsi und der alten Heroen, Be I und Schu Tsi. Die verbleibenden 11 Abschnitte unterscheiden sich von dem sonst üblichen Usus, die Worte Kungs mit »Der Meister sprach« einzuführen. Abschnitt 1–3 enthält zum Teil länger ausgeführte Beurteilungen der Zeitumstände in Lu. Abschnitt 4–11 enthalten eine Reihe von Aussprüchen, die sich spruchartig an die später so sehr in Aufnahme gekommene Gliederung durch die Zahl anschließen. Verschiedene Kommentare kommen zu der Annahme, daß es sich hier um eine Eingliederung eines Teils der Rezension der Lun Yü von Tsi handle. Das würde einen bedeutungsvollen Aufschluß über das Alter jener Rezension gestatten; denn zweifellos entstammt die Hauptmasse des vorliegenden Buches einer späteren Traditionsschicht.

1. Ungerechter Feldzug

Das (Haupt des) Geschlechtes Gi war im Begriff, einen Strafzug gegen (die kleine Herrschaft) Dschuan Yü zu unternehmen. Jan Yu und Gi Lu erschienen vor Meister Kung und sprachen: »Das (Haupt des) Geschlechtes Gi wird eine Unternehmung gegen Dschuan Yü ausführen.« Meister Kung sprach: »Kiu, bist nicht du es, der diesen Fehler macht? Dieses Dschuan Yü ist vor alters von den früheren Königen als Herr (der Opfer für den) Mongberg im Osten ernannt, es gehört also zu den Lehnsgebieten und hat priesterliche Funktionen; was habt ihr damit zu tun, es zu bestrafen?« Jan Yu sprach: »Unser Herr wünscht es; wir zwei, die wir (seine) Diener sind, wünschen es beide nicht.« Meister Kung sprach: »Kiu, es gibt ein Wort von Dschou Jen, das heißt: ›Wenn man seine Kraft entfalten kann, so trete man in die Reihen; wenn man es nicht kann, so halte man ein.‹ Wer den Gefährdeten nicht stützen kann und dem Gefallenen nicht aufhelfen: wie kann man den als Führer brauchen? Also sind deine Worte falsch. Wenn ein Tiger oder ein Nashorn aus dem Käfig bricht, wenn eine Schildkrötenschale oder ein Nephrit in dem Schrein beschädigt wird: wessen Fehler ist das?« Jan Yu sprach: »Nun ist aber Dschuan Yü stark und nahe bei Bi; wenn man es heute nicht nimmt, so wird es in künftigen Zeiten sicher den Söhnen und Enkeln Schmerzen bereiten.« Meister Kung sprach: »Kiu, der Edle haßt das, wenn man unterläßt zu sagen: ›ich wünsche das‹, und durchaus andere Worte gebraucht. Ich habe gehört, wer ein Reich oder ein Haus hat, braucht nicht besorgt zu sein, wenn es menschenleer ist, sondern er muß besorgt sein, wenn es nicht in Ordnung ist. Er braucht nicht besorgt zu sein, wenn es arm ist, sondern er muß besorgt sein, wenn es nicht in Ruhe ist. Denn wo Ordnung ist, da ist keine Armut, wo Eintracht ist, da ist keine Menschenleere, wo Ruhe ist, da ist kein Umsturz. Da nun dies so ist, so muß man, wenn die Menschen aus fernen Gegenden nicht gefügig sind, Kunst und Moral pflegen, um sie zum Kommen zu bewegen. Wenn man sie zum Kommen bewogen hat, so muß man ihnen Ruhe geben. Nun, Yu und Kiu, unterstützt ihr euren Herrn, aber die Menschen aus fernen Gegenden sind nicht gefügig, und er kann sie nicht zum Kommen bewegen. Im (eigenen) Land herrscht Zwiespalt, Ruin, Entfremdung und Unfrieden, und er kann es nicht bewahren. Dazuhin plant er, Schild und Speer zu erheben innerhalb des Staates. Ich fürchte, die Schmerzen der Enkel Gis werden nicht in Dschuan Yü sein, sondern in seinen eignen Mauern.«

2. Der Niedergang des Reichs

Meister Kung sprach: »Wenn der Erdkreis in Ordnung ist, so gehen Kultur und Kunst, Kriege und Strafzüge vom Himmelssohn aus. Ist der Erdkreis nicht in Ordnung, so gehen Kultur und Kunst, Kriege und Strafzüge von den Lehnsfürsten aus. Wenn sie von den Lehnsfürsten ausgehen, so dauert es selten länger als zehn Geschlechter, ehe sie (die Macht) verloren haben. Wenn sie von den Adelsgeschlechtern ausgehen, so dauert es selten länger als fünf Geschlechter, ehe sie (die Macht) verloren haben. Wenn die Dienstmannen die Herrschaft im Reich an sich reißen, so dauert es selten länger als drei Generationen, ehe sie sie verloren haben.

Wenn der Erdkreis in Ordnung ist, so ist die Leitung nicht in den Händen der Adelsgeschlechter. Wenn der Erdkreis in Ordnung ist, so gibt es unter den Massen des Volks kein Gerede«.

3. Strafe der Usurpation

Meister Kung sprach: »Das Recht der Beamtenernennung wurde von dem Fürstenhaus genommen seit fünf Geschlechtern. Die Regierung ist auf die Adelsgeschlechter gekommen seit vier Geschlechtern. Deshalb sind der Nachkommen der drei Huan-Geschlechter so wenige.«

4. Drei nützliche und drei schädliche Freunde

Meister Kung sprach: »Es gibt dreierlei Freunde, die von Nutzen sind, und dreierlei Freunde, die von Übel sind. Freundschaft mit Aufrichtigen, Freundschaft mit Beständigen, Freundschaft mit Erfahrenen ist von Nutzen. Freundschaft mit Speichelleckern Freundschaft mit Duckmäusern, Freundschaft mit Schwätzern ist von Übel«.

5. Drei nützliche und drei schädliche Freuden

Meister Kung sprach: »Es gibt dreierlei Freuden, die von Nutzen sind, und dreierlei Freuden, die von Übel sind: Freude an der Selbstbeherrschung durch Kultur und Kunst, Freude am Reden über andrer Tüchtigkeit, Freude an vielen würdigen Freunden: das ist von Nutzen. Freude an Luxus, Freude am Umherstreichen, Freude an Schwelgerei: das ist von Übel.«

6. Drei Fehler im Verkehr mit Älteren

Meister Kung sprach: »Im Zusammensein mit einem (älteren) Herren gibt es drei Vergehen: Wenn er das Wort noch nicht an einen gerichtet hat, zu reden: das ist vorlaut; wenn er das Wort an einen gerichtet hat, nicht zu reden: das ist versteckt; ehe man seine Miene beobachtet hat, zu reden: das ist blind.«

7. Dreierlei Vorsicht

Meister Kung sprach: »Der Edle hütet sich vor dreierlei. In der Jugend, wenn die Lebenskräfte noch nicht gefestigt sind, hütet er sich vor der Sinnlichkeit. Wenn er das Mannesalter erreicht, wo die Lebenskräfte in voller Stärke sind, hütet er sich vor der

Streitsucht. Wenn er das Greisenalter erreicht, wo die Lebenskräfte schwinden, hütet er sich vor dem Geiz.«

8. Dreierlei Ehrfurcht

Meister Kung sprach: »Der Edle hat eine (heilige) Scheu vor dreierlei: Er steht in Scheu vor dem Willen Gottes, er steht in Scheu vor großen Männern, er steht in Scheu vor den Worten der Heiligen (der Vorzeit). Der Gemeine kennt den Willen Gottes nicht und scheut sich nicht vor ihm, er ist frech gegen große Männer und verspottet die Worte der Heiligen.«

9. Vier Klassen des Wissens

Meister Kung sprach: »Bei der Geburt schon Wissen zu haben, das ist die höchste Stufe. Durch Lernen Wissen zu erwerben, das ist die nächste Stufe. Schwierigkeiten haben und doch zu lernen, das ist die übernächste Stufe. Schwierigkeiten haben und nicht lernen: das ist die unterste Stufe des gemeinen Volks.«

Die höchste Art des Wissens ist die intuitive Veranlagung, die ohne weiteres die Wahrheit erkennt. Die nächste Stufe ist: durch diskursive, denkende Verarbeitung des überlieferten Kulturerwerbes die Wahrheit zu erkennen. Noch eine Stufe tiefer stehen die, welche in ihrer Geistesstruktur sich behindert finden, aber durch großen Fleiß die Schranken ihrer Begabung zu überwinden wissen. Hoffnungslos ist nur die Menschenklasse, die Dummheit und Faulheit vereinigt.

10. Neunerlei Gedanken

Meister Kung sprach: »Der Edle hat neun Dinge, worauf er denkt: Beim Sehen denkt er auf Klarheit, beim Hören denkt er auf Deutlichkeit, in seinen Mienen denkt er auf Milde, in seinem Benehmen denkt er auf Würde, in seinen Worten denkt er auf Wahrheit, in seinen Geschäften denkt er auf Gewissenhaftigkeit, in seinen Zweifeln denkt er an das Fragen, im Zorn denkt er an die Schwierigkeit (der Folgen), angesichts des Empfangens denkt er auf Pflicht«.

11. Prinzipien mit und ohne Vertreter

Meister Kung sprach: »Das Tüchtige ansehen, als könnte man es nicht erreichen, das Untüchtige ansehen, als tauche man (die Hand) in heißes Wasser: Ich habe Leute dieser Art gesehen, ich habe Reden dieser Art gehört. ›Im Verborgenen bleiben, um sich auf sein Ziel vorzubereiten, uneigennützig handeln, um seine Grundsätze zu verbreiten‹: ich habe Reden dieser Art gehört, aber ich habe noch nicht Leute dieser Art gesehen.«

12. Urteil über historische Persönlichkeiten: Ging von Tsi und Be I und Schu Tsi

Fürst Ging von Tsi hatte an Pferden tausend Viergespanne, aber am Tag seines Todes pries ihn das Volk nicht um einer einzigen guten Eigenschaft willen. Be I und Schu Tsi starben Hungers am Fuß des Schou-Yang-Berges, aber das Volk preist sie noch bis auf den heutigen Tag.

Das ist gerade, wie es heißt: (Hierher gehört vermutlich der Schluß von XII, 10:

»Wahrlich nicht um ihres Reichtums willen,
Einzig nur um ihrer Besonderheit willen«).

13. Des Meisters Verhältnis zu seinem Sohn

Tschen Kang fragte den Be Yü und sprach: »Hast du als Sohn (des Meisters) auch noch Außergewöhnliches (von ihm) zu hören bekommen?« Er entgegnete und sprach: »Noch nie. Einmal stand er allein da, als ich (ehrerbietig) mit kleinen Schritten an der Halle vorübereilte. Da sprach er: ›Hast du die Lieder gelernt?‹ Ich erwiderte und sprach: ›Noch nicht.‹ (Da sprach er:) ›Wenn man die Lieder nicht lernt, so hat man nichts zu reden.‹ Da zog ich mich zurück und lernte die Lieder. An einem andern Tag stand er wieder allein da, als ich mit kleinen Schritten an der Halle vorübereilte. Da sprach er: ›Hast du die Riten gelernt?‹ Ich erwiderte und sprach: ›Noch nicht.‹ (Da sprach er:) ›Wenn man die Riten nicht lernt, hat man nichts zur (inneren) Festigung.‹ Da zog ich mich zurück und lernte die Riten. Was ich gehört habe, sind diese beiden (Belehrungen).« Tschen Kang zog sich zurück und sprach erfreut: »Ich habe nach einem gefragt und habe dreierlei bekommen. Ich habe über die Lieder etwas gehört, ich habe über die Riten etwas gehört; außerdem habe ich gehört, daß der Edle seinen Sohn in (ehrerbietiger) Entfernung hält.«

14. Bezeichnung der Landesfürstin

Die Gattin eines Landesfürsten nennt der Fürst: »Gattin«. Sie selbst nennt sich: »Kleines Mädchen«. Die Leute des Landes nennen sie: »Gattin des Fürsten«, gegenüber von anderen Ländern nennen sie sie: »Unsere verlassene kleine Fürstin«. Die Leute anderer Länder nennen sie auch: »Gattin des Fürsten«.

BUCH XVII
YANG HO

Dies Buch enthält einige Geschichten über die Möglichkeiten, die Kung geboten waren, in Dienste von Usurpatoren zu treten. Außerdem verschiedene Gespräche mit Schülern und aphoristische Aussprüche, die zum Teil ihre Parallelen in bisher Dagewesenem haben, zum Teil aber recht interessante Ergänzungen zum Bilde des Meisters geben. Ein Teil der Abschnitte ist ähnlich nach dem Prinzip der Zahl konstruiert wie die Hauptmasse des vorigen Buchs. Es verlohnte sich eine Untersuchung, ob wir für diese Abschnitte ebenfalls auf die Tsi-Rezension als Quelle zurückzugehen haben.

Der Platz dieses Buchs hinter dem vorhergehenden (»Gi Schï«) wird damit begründet, daß Yang Ho, mit dem es beginnt, in ähnlicher Weise sich gegenüber der Familie Gi als Usurpator erwiesen, wie diese an dem Fürsten.

Das Buch enthält 26 Abschnitte.

1. Begegnung mit dem Usurpator Yang Ho

Yang Ho wünschte den Meister Kung (bei sich) zu sehen. Meister Kung ging nicht, ihn zu sehen. Da sandte er dem Meister Kung ein Schwein. Meister Kung benutzte eine Zeit, da er ausgegangen war, um seinen Dankbesuch zu machen. Er begegnete ihm (aber) auf der Straße. Da redete er zu Meister Kung und sprach: »Komm, ich will mit dir sprechen«, und sprach: »Wer seinen Schatz im Busen birgt und sein Land (dadurch) in Verwirrung bringt: kann man den sittlich nennen?« (Meister Kung) sprach: »Man kann es nicht« – »Wer bedacht ist auf öffentliche Anstellung und doch immer die Gelegenheit versäumt, kann man den weise nennen?« (Meister Kung) sprach: »Man kann es nicht.« – »Tage und Monde eilen, die Jahre warten nicht auf uns.« – Meister Kung sprach: »Gut, ich werde ein Amt antreten.«

2. Natur und Kultur

Der Meister sprach: »Von Natur stehen (die Menschen) einander nahe, durch Übung entfernen sie sich voneinander.«

Die Mehrzahl der Menschen ist ihrem Wesen nach ähnlich veranlagt, es gibt wohl quantitative Unterschiede der Begabung, aber die großen qualitativen Unterschiede, die sich im Laufe der Zeit bei den Menschen zeigen, sind Produkte der eigenen Tätigkeit. Was ein Mensch aus seinen Anlagen macht, ob er sie allseitig entwickelt oder brach liegen und verkümmern läßt, das gibt die entscheidenden Unterschiede zwischen den Menschen.

3. Unveränderlichkeit des Wesens

Der Meister sprach: »Nur die höchststehenden Weisen und die tiefststehenden Narren sind unveränderlich«.

Diesem allgemeinen Gesetz, daß jeder Mensch einen gewissen Spielraum von Entwicklungsmöglichkeiten hat, die er ausnützen oder versäumen kann, sind nur zwei Menschenklassen entnommen: die großen, gottbegnadeten Genies, die intuitiv die Wahrheit erfassen und nach immanenter Notwendigkeit die Höhen ihres Wesens erreichen, und die beschränkten Massenmenschen, welche die Dumpfheit des tierischen Vegetierens noch nicht durchbrochen haben.

4. Kleine Zwecke, große Mittel
(Huhn und Ochsenmesser)

Der Meister kam zur Stadt Wu und hörte die Klänge von Saitenspiel und Gesang. Der Meister war belustigt und sprach lächelnd: »Um ein Huhn zu töten, braucht es da ein Ochsenmesser?« Dsï Yu erwiderte und sprach: »Ich habe einst den Meister sagen hören: ›Der Edle, wenn er Bildung erwirbt, bekommt Liebe zu den Menschen; der Geringe, wenn er Bildung erwirbt, läßt sich leicht beherrschen.‹« Der Meister sprach: »Meine Kinder, Yäns Worte sind richtig, meine vorigen Worte waren nur im Scherz gesprochen.«

5. Möglichkeit des Wirkens I:
Gung-Schan Fu-Yau

Gung-Schan-Fu-Jau hatte (die Stadt) Bi besetzt und berief (den Meister). Der Meister war geneigt zu gehen. Dsï Lu war (darüber) unwillig und sprach: »Wenn man kein Unterkommen findet, so stehe man (von der öffentlichen Wirksamkeit) ab, aber warum denn zu diesem Gung-Schan gehen!« Der Meister sprach: »Daß er grade mich beruft, wie sollte das zufällig sein? Wenn jemand mich braucht, kann ich dann nicht ein östliches Dschoureich gründen?«

6. Die fünf Vorbedingungen der Sittlichkeit

Dsï Dschang fragte den Meister Kung nach (dem Wesen) der Sittlichkeit. Meister Kung sprach. »Auf dem ganzen Erdkreis fünf Dinge durchzuführen, das ist Sittlichkeit.« (Dsï Dschang sprach:) »Darf ich danach fragen?« (Meister Kung) sprach: »Würde, Weitherzigkeit, Wahrhaftigkeit, Eifer und Gütigkeit. Zeigt man Würde, so wird man nicht mißachtet; Weitherzigkeit: so gewinnt man die Menge; Wahrhaftigkeit: so vertrauen einem die Menschen; Eifer: so hat man Erfolg; Gütigkeit: so ist man fähig, die Menschen zu verwenden.«

Dsï Dschang fragte nach dem Wesen der sittlichen Vollkommenheit. Der Meister sprach: »Ein Fürst, der imstande ist, fünf Dinge auf Erden durchzuführen, dessen Regierung ist sittlich vollkommen.« Und als Dsï Dschang um nähere Ausführung bat, fuhr er fort: »Würde, Weitherzigkeit, Wahrhaftigkeit, Eifer und Gütigkeit sind diese fünf Eigenschaften, welche es dem Fürsten ermöglichen, ohne Gewaltmaßregeln ein solches Regiment zu führen, daß sittliche Vollkommenheit auf Erden herrscht. Wahrt der Herrscher in seinem persönlichen Auftreten die Würde, so gibt es im Volk ganz von selbst keine Majestätsbeleidigungen. Durch Weitherzigkeit, die nicht in kleinlicher Weise bei Einzelheiten haften bleibt, gewinnt er die Herzen des Volks. Durch Wahrhaftigkeit und Zuverlässigkeit erwirbt er sich das Vertrauen der Menschen, durch Energie und Pflichttreue gelingt es ihm, wirkliche Werke zu vollenden, während die Gnade und Gütigkeit seines Wesens ihn in den Stand setzen, die freiwillige Mitwirkung seiner Untertanen bei allem zu finden, was er unternimmt.

7. Möglichkeit des Wirkens II: Bi Hi

Bi Hi berief (den Meister). Der Meister war geneigt, hinzugehen. Dsï Lu sprach. »Einst habe ich vom Meister gehört: ›Wer in seinem persönlichen Betragen nicht gut ist, mit dem läßt sich der Edle nicht ein.‹ Bi Hi hat Dschung Mou im Aufruhr besetzt; wenn (nun) der Meister hingeht: was soll das?« Der Meister sprach: »Ja, ich habe das gesagt; aber heißt es nicht auch: ›Was wirklich fest ist, mag gerieben werden, ohne daß es abgenutzt wird‹? Heißt es nicht: ›Was wirklich weiß ist, kann auch in eine dunkle Flüssigkeit getaucht werden, ohne daß es schwarz wird‹? Wahrlich, bin ich denn ein Kürbis, den man nur aufhängen kann, aber nicht essen?«

8. Die sechs Worte und sechs Verdunkelungen

Der Meister sprach: »Yu, hast du die sechs Worte und die sechs Verdunkelungen gehört?« (Dsï Lu) erwiderte und sprach: »Noch nicht.« (Der Meister sprach:) »Setze dich, ich werde sie dir sagen: Sittlichkeit lieben, ohne das Lernen zu lieben: diese Verdunkelung führt zur Torheit; Weisheit lieben, ohne das Lernen zu lieben: diese Verdunkelung führt zu Ziellosigkeit; Wahrhaftigkeit lieben, ohne das Lernen zu lieben: diese Verdunkelung führt zu Beschädigung; die Geradheit lieben, ohne das Lernen zu lieben: diese Verdunkelung führt zu Grobheit; den Mut lieben, ohne das Lernen zu lieben: diese Verdunkelung führt zu Unordnung; die Festigkeit lieben, ohne das Lernen zu lieben: diese Verdunkelung führt zu Sonderlichkeit.«

9. Der Nutzen des Liederbuchs

Der Meister sprach: »Meine Kinder, warum lernt ihr nicht die Lieder? Die Lieder sind geeignet, um anzuregen; geeignet, um zu beobachten; geeignet, um zu vereinigen; geeignet, um den Groll zu wecken; in der Nähe dem Vater zu dienen, in der Ferne dem Fürsten zu dienen; man lernt (außerdem) viele Namen von Vögeln und Tieren, Kräutern und Bäumen kennen.«

Der Meister sprach: »Meine jungen Freunde, warum beschäftigt ihr euch nicht mit der Poesie? Die Poesie ist geeignet, die Phantasie anzuregen, sie hält uns das Leben in einem Spiegel zur Betrachtung vor und reinigt dadurch die Gefühle; sie erweckt soziale Gesinnungen, sie entfacht den Groll gegen Ungerechtigkeit und Falschheit, sie läßt gute Vorsätze zu sittlichem Handeln in Familie und Staat entstehen. Und außerdem erweitert sie unsere Kenntnis der ganzen organisierten Welt.«

10. Der Meister im Gespräch mit seinem Sohn über die Poesie

Der Meister redete zu Be Yü und sprach: »Hast du schon (die Lieder im) Dschou Nan und Schau Nan betrieben? Ein Mensch, der nicht das Dschou Nan und Schau Nan treibt, ist der nicht, gleich als stünde er mit dem Gesicht gerade vor der Wand?«

11. Scheinkultur

Der Meister sprach: »›Riten‹ heißt es, ›Riten‹ heißt es: Wahrlich, heißt das denn Edelsteine und Seide? ›Musik‹ heißt es, ›Musik‹ heißt es: wahrlich, heißt das denn Glocken und Pauken?«

Jedermann hat heutzutage das Wort »Kultur« im Munde. Aber bildet man sich denn ein, daß die Kultur einfach in der Pracht des Schmucks und der Kleidung besteht? Man interessiert sich allenthalben für die Musik; aber denkt man denn, das Wesen der Musik bestehe einfach in einer interessanten Instrumentation?

12. Wider die Hochtrabenden

Der Meister sprach: »Im Äußeren streng und innerlich schwach, (so einen kann man) vergleichen mit den niedrigen Menschen.

Ist er nicht wie ein Dieb, der (durch die Wand) gräbt oder einsteigt?«

Es gibt eine Masse von Menschen, die, ohne inneren Halt zu besitzen, ein ernstes und strenges Wesen an den Tag legen. Das sind bemitleidenswerte Kreaturen; denn sie müssen wie ein nächtlicher Dieb jederzeit davor zittern, daß sie ertappt und entlarvt werden.

13. Wider die Heuchler

Der Meister sprach: »Jene ehrbaren Leute im Lande sind Räuber der Tugend.«

Es gibt eine Sorte von Frommen, die in der ganzen Gegend im Ruf von Guten und Gerechten stehen: diese Sorte ist es, welche jeden geistigen Wert im Keim erstickt.

14. Wider die Schwätzer

Der Meister sprach: »Auf der Straße hören und auf dem Wege reden ist die Preisgabe des Geistes«.

Wer es über sich bringt, auf den öffentlichen Straßen und Plätzen die Weisheit zu verkünden, die er auf der Gasse aufgelesen hat, der gibt damit jeden Anspruch auf geistigen Wert preis.

15. Wider die Streber

Der Meister sprach: »Jene Niederträchtigen! Wahrlich, kann man denn mit ihnen zusammen dem Fürsten dienen? Wenn sie es noch nicht erreicht haben, so leiden sie darunter, es zu erreichen; wenn sie es dann erreicht haben, so leiden sie darunter, es zu verlieren; wenn sie aber darunter leiden, daß sie es verlieren könnten, so gibt es nichts, zu was sie nicht fortschreiten würden.«

Da sind diese niederträchtigen Streber! Die machen es jedem anständigen Menschen unmöglich, gemeinsam mit ihnen einem Fürsten zu dienen. Solange sie noch unten auf der Leiter stehen, haben sie keinen andern Gedanken, als nach oben zu streben. Sind sie glücklich oben, so haben sie keinen andern Gedanken, als sich in ihrer Position zu behaupten. Und aus dieser Gesinnung heraus sind sie zu jeder Gemeinheit und jeder Kriecherei fähig.

16. Der Wechsel der Fehler im Lauf der Zeiten

Der Meister sprach: »Bei den Alten hatten die Leute drei Schwächen, die so heute wohl nicht mehr vorkommen: In alter Zeit waren die Schwärmer rücksichtslos, heute sind sie zügellos; in alter Zeit waren die Harten verschlossen, heute sind sie zänkisch und rechthaberisch; in alter Zeit waren die Toren gerade, heute sind sie verschlagen.«

Auch die Alten hatten ihre Fehler, und wir können wohl behaupten, daß manche dieser Fehler heutzutage überwunden sind. In alter Zeit pflegten sich exzentrische Schwärmer durch unbekümmerte Rücksichtslosigkeit auszuzeichnen. Heutzutage sind jene Leute jenseits von Gut und Böse. Auch im Altertum gab es harte Charaktere, die sich verschlossen und unzugänglich zeigten. Heutzutage streiten sich diese Leute in kleinlicher Rechthaberei herum. Auch das Altertum kannte Toren, die geradeheraus und ehrlich waren. Heutzutage ist die Dummheit mit verlogener Pfiffigkeit gepaart.

17. Der Schein trügt

Der Meister sprach: »Glatte Worte und einschmeichelnde Mienen sind selten vereint mit Sittlichkeit.«

18. Das Glänzende und das Echte

Der Meister sprach. »Ich hasse es, wie das Violett den Scharlach beeinträchtigt; ich hasse es, wie die Klänge von Dschong die Festlieder verwirren; ich hasse es, wie die scharfen Mäuler Staat und Familien umstürzen.«

Der Meister sprach: »Mir ist die Art zuwider, wie das grelle Violett das tiefe und satte Scharlachrot totschlägt. Mir ist die Art zuwider, wie die auf die Nerven wirkende moderne Musik den strengen Geist der alten und reinen Tonkunst stört. Ebenso ist mir die Art zuwider, wie zungenfertige Schwätzer mit ihren subjektiven Ansichten die festen und geheiligten Grundlagen von Staat und Gesellschaft untergraben.«

19. Wirken ohne Worte

Der Meister sprach: »Ich möchte lieber nichts reden.« Dsï Gung sprach: »Wenn der Meister nicht redet, was haben dann wir Schüler aufzuzeichnen?« Der Meister sprach: »Wahrlich, redet etwa der Himmel? Die vier Zeiten gehen (ihren Gang), alle Dinge werden erzeugt. Wahrlich, redet etwa der Himmel?«

Der Meister sprach: »Was nützen alle Worte? Ich wollte, ich hätte es nicht nötig, so viel zu reden!« Der Jünger Dsï Gung äußerte besorgt: »Aber wenn der Meister nicht redet, wie können dann wir Schüler die Tradition fortführen?« Der Meister sprach: »Die Wahrheit zeigt sich wirksam durch feste und klare Lebensordnungen, die objektiv wirken wie die ewigen Ordnungen des Himmels. Diese Ordnungen sind wirksam; die Jahreszeiten gehen ihren Gang, und alle Geschöpfe leben und gedeihen in diesen Ordnungen, ohne daß der Himmel zu reden brauchte. Ebenso muß das moralische Leben der Menschen durch solche automatisch wirkenden Ordnungen, wie sie die heiligen Herrscher des Altertums geschaffen, geregelt und erzeugt werden. Mit bloßen Worten ist da nichts getan«.

20. Abweisung eines Besuchers

Jü Be wünschte den Meister Kung zu sehen. Meister Kung lehnte es ab, weil er krank sei. Während aber der Bote zur Tür hinausging, nahm er die Laute und sang, damit er es hören sollte.

21. Über die Trauerzeit

Dsai Wo fragte über die dreijährige Trauerzeit (und sprach): »Ein Jahr ist schon genug. Wenn der Edle drei Jahre lang keine Riten befolgt, so verderben die Riten sicher. Wenn er drei Jahre lang keine Musik ausübt, so geht die Musik sicher zugrunde. Wenn das alte Korn zu Ende ist und das neue Korn sproßt, wenn man beim Feueranmachen die Holzarten wechselt, dann mag es genug sein.« Der Meister sprach: »(Dann) wieder Reis zu essen und in Seide dich zu kleiden: könntest du dich dabei beruhigen?« (Jener) sprach: »Ja.« – »Nun, wenn du dich dabei beruhigen kannst, so magst du es tun. Was aber den Edlen anlangt, so ist er, während er in Trauer ist, nicht imstande, gutes Essen zu genießen; wenn er Musik hört, so erfreut sie ihn nicht; wenn er in Bequemlichkeit weilt, so fühlt er sich nicht wohl. Darum tut er solche Dinge nicht. Nun aber, kannst du dich dabei beruhigen, so magst du es tun.« Als Dsai Wo hinausgegangen war, sprach der Meister: »Yü ist doch lieblos! Ein Kind wird drei Jahre alt, ehe es die Arme von Vater und Mutter entbehren kann. Was die dreijährige Trauerzeit anlangt, so ist sie auf dem ganzen Erdkreis die durchgehende Trauerzeit. Hat denn Yü nicht jene drei Jahre lang die Liebe seiner Eltern erfahren?«

22. Wider das Nichtstun

Der Meister sprach: »Sich satt essen den ganzen Tag, ohne den Geist mit irgend etwas zu beschäftigen, wahrlich, das ist ein schwieriger Fall. Gibt es denn nicht wenigstens Schach und Dambrett? Das zu treiben ist doch immer noch besser.«

23. Mut und Pflichtgefühl

Dsï Lu sprach: »Der Edle schätzt doch wohl den Mut am höchsten.« Der Meister sprach: »Der Edle setzt die Pflicht obenan. Wenn ein Vornehmer Mut besitzt ohne Pflichtgefühl, so wird er aufrührerisch. Wenn ein Geringer Mut besitzt ohne Pflichtgefühl so wird er ein Räuber«.

24. Was der Edle haßt

Dsï Gung sprach: »Hat der Edle auch (gegen jemand einen) Haß?« Der Meister sprach: »Er hat Haß. Er haßt die, welche der Leute Übles verbreiten; er haßt die, welche in untergeordneter Stellung weilen und die Oberen verleumden; er haßt die Mutigen ohne Formen der Bildung; er haßt die, welche fest und waghalsig, aber beschränkt sind.« Er sprach: »Sï, hast du auch (Leute, die du) hassest?« (Dsï Gung sprach:) »Ich hasse die, welche spionieren und es für Weisheit ausgeben. Ich hasse die Unbescheidenen, die sich für mutig ausgeben, ich hasse die, welche (Geheimes) ausplaudern und es für Geradheit ausgeben.«

Dsï Gung fragte, ob der Edle auch hassen könne und dürfe. Der Meister erwiderte: »Gewiß gibt es Eigenschaften an den Menschen, die er haßt. Hassenswert vor allem sind die, welche anderer Leute Fehler ans Licht ziehen, hassenswert sind die, welche in untergeordneter Position ihren Vorgesetzten nicht geradezu ihre abweichende Meinung sagen, sondern hinterrücks über sie losziehen. Hassenswert sind die, welche rohe Stärke haben, die nicht durch Takt und Selbstbeherrschung im Zaum gehalten wird, hassenswert endlich sind die egoistischen und beschränkten Fanatiker.«

Als der Meister den Dsï Gung fragte, ob er auch Gegenstände des Hasses kenne, antwortete dieser: »Ich hasse die Schleicher, welche ihre erschlichenen Geheimnisse für Weisheit ausgeben, die Anmaßenden, welche sich für mutig halten, und die Indiskreten, welche sich für ehrlich ausgeben.«

25. Frauen und Knechte

Der Meister sprach: »Mit Weibern und Knechten ist doch am schwersten auszukommen! Tritt man ihnen nahe, so werden sie unbescheiden. Hält man sich fern, so werden sie unzufrieden.«

26. Grenze der Möglichkeiten

Der Meister sprach: »Wer mit 40 Jahren (unter seinen Nebenmenschen) verhaßt ist, der bleibt so bis zu Ende.«

BUCH XVIII
WE DSÏ

Dieses Buch, das nur aus 11 Abschnitten besteht, enthält eine historische Nachlese. Die Abschnitte 3–7 sind Anekdoten über die Mißerfolge und den Widerspruch, dem Kung während seines Lebens begegnet ist. Sie sind eingerahmt von Anekdoten über Mißerfolge bzw. Resignationen anderer bedeutender Männer aus der Vergangenheit, teils mit, teils ohne Bemerkungen Kungs über sie. Die drei letzten Paragraphen sind Zusätze, die als solche nichts mit den Lun Yü zu tun haben. Der ganze Stoff hat sehr viele Ähnlichkeit mit der erzählenden Quelle, die möglicherweise auf Tsi zurückgeht. Bezeichnend ist auch der fast durchgehende Gebrauch der Bezeichnung »Meister Kung«.

1. Die drei sittlichen Heroen der Yin-Dynastie

Der Herr von We zog sich (vom Hofe) zurück, der Herr von Gi wurde Sklave, Bi Gan machte (dem König Dschou Sin) Vorwürfe und wurde getötet. Meister Kung sprach: »Die Yin-Dynastie hatte drei (Männer von wahrer) Sittlichkeit«.

2. Die Vaterlandsliebe Huis von Liu Hia

Hui von Liu Hia war Oberrichter und wurde dreimal entlassen. Da sprach jemand zu ihm: »Meister, ist es noch nicht so weit, daß Ihr Euch besser zurückzöget?« Er sprach: »Wenn ich auf gradem Weg den Menschen dienen will, wohin sollte ich gehen, ohne dreimal entlassen zu werden? Wollte ich aber auf krummen Wegen den Menschen dienen, warum sollte ich es nötig haben, mein Vaterland zu verlassen?«

3. Im Staate Tsi

Der Fürst Ging von Tsi (überlegte) die Behandlungsweise des Meisters Kung und sprach: »Ihn so behandeln wie das Haupt des Geschlechtes Gi kann ich nicht. Ich will ihm eine Stellung geben zwischen der des Hauptes der Gi und der des Hauptes der Mongfamilie.« Später aber sprach er: »Ich bin zu alt, ich kann mich seiner nicht mehr bedienen.« Meister Kung ging.

4. Des Meisters Rücktritt aus dem Amt in Lu

Die Leute von Tsi sandten (dem Fürsten von Lu als Geschenk eine Truppe von) weiblichen Musikanten. Freiherr Gi Huan nahm sie an. Drei Tage wurde kein Hof gehalten. Meister Kung ging.

5. Der Narr von Tschu

Der Sonderling von Tschu, Dsïa Yü, sang ein Lied und ging bei Meister Kung vorbei und sprach:

»O Vogel Fong, o Vogel Fong,
Wie sehr dein Glanz verblich!
Doch was gescheh'n ist, ist gescheh'n,
Nur künftig hüte dich!
Gib auf, gib auf dein eitles Müh'n!
Wer heut' dem Staate dienen will,
Der stürzt nur in Gefahren sich!«

Meister Kung stieg herab und wünschte mit ihm zu reden, aber jener eilte fort und wich ihm aus. Es gelang ihm nicht, mit ihm zu reden.

6. Die Furt

Tschang Dsü und Giä Ni waren miteinander mit Feldarbeit beschäftigt. Meister Kung kam bei ihnen vorüber und ließ durch Dsï Lu fragen, (wo) die Furt (sei). Tschang Dsü sprach: »Wer ist der, der dort im Wagen die Zügel hält?« Dsï Lu sprach: »Das ist Kung Kiu.« Da sprach jener: »Ist das der Kung Kiu aus Lu?« (Dsï Lu) sprach: »Ja, der ist es.« (Darauf) sprach (jener): »Der weiß (ja wohl) die Furt.« Darauf fragte er den Giä Ni. Giä Ni sprach: »Wer ist der Herr?« Er sprach: »Dschung Yu«. Darauf jener: »Bist du ein Schüler des Kung Kiu aus Lu?« Er erwiderte: »Ja.« (Dann) sprach (Giä Ni): »Eine ungeheure Überschwemmung: so sieht es auf dem Erdkreis aus, und wer (ist da), es zu ändern? Und dabei einem Lehrer zu folgen, der sich nur von (einem) Fürsten (zum andern) zurückzieht! Wäre es nicht besser, einem Lehrer zu folgen, der sich von der Welt (überhaupt) zurückzieht?« Darauf hackte er weiter, ohne (nochmals) innezuhalten. Dsï Lu ging, um es (dem Meister) anzusagen. Sein Meister seufzte tief und sprach: »Mit den Vögeln und Tieren des Feldes kann man (doch) nicht zusammen hausen; wenn ich nicht mit diesem Geschlecht von Menschen zusammensein will, mit wem soll ich (dann) zusammensein? Wenn der Erdkreis in Ordnung wäre, so wäre ich nicht nötig, ihn zu ändern.«

7. *Dsï Lu und der Alte*

Dsï Lu folgte (dem Meister Kung) und blieb (auf dem Weg) zurück. Da begegnete er einem alten Manne, der an einem Stab einen Unkrautkorb über der Schulter trug. Dsï Lu fragte ihn und sprach: »Hat der Herr meinen Meister gesehen?« Der Alte sprach: »Deine vier Glieder sind nicht (zur Arbeit) beweglich, die fünf Kornarten kannst du nicht unterscheiden: wer ist dein Meister?« Er steckte seinen Stab in die Erde und jätete. Dsï Lu faltete die Hände (zum Gruß) und blieb aufrecht stehen. Da behielt er Dsï Lu über Nacht, schlachtete ein Huhn, machte einen Hirsebrei und gab es ihm zu essen. Auch stellte er ihm seine zwei Söhne vor. Am andern Tag ging Dsï Lu, um es (dem Meister) anzusagen. Der Meister sprach: »Das ist ein verborgener (Weiser).« Er sandte Dsï Lu, um ihn nochmals zu sehen. Als er hinkam, war (aber jener) weggegangen. Dsï Lu sprach: »Sich von jedem Amte fern zu halten, ist wider die Pflicht. Die Schranken zwischen Alt und Jung darf man nicht verfallen lassen; nun erst die Pflichten zwischen Fürst und Diener: wie kann man die verfallen lassen? Wer (nur darauf) bedacht ist, sein eignes Leben rein zu halten, der bringt die großen menschlichen Beziehungen in Unordnung. Damit, daß der Edle ein Amt übernimmt, tut er seine Pflicht. Daß die Wahrheit (heutzutage) nicht durchdringt: das weiß er wohl.«

8. *Die sich vor der Welt verbargen*

Die sich unter das Volk zurückgezogen haben, waren: Be I, Schu Tsi, Yü Dschung, I Yi, Dschu Dschang, Hui von Liu Hia, Schau Liän.

Der Meister sprach: »Die ihr Ziel nicht erniedrigten und ihre Person vor Schande bewahrten: das waren Be I und Schu Tsi. Man (kann) sagen von Hui von Liu Hia und von Schau Liän, daß sie ihre Ziele erniedrigten und ihre Person in Schande brachten. Doch trafen sie in ihren Worten das Vernünftige, in ihrem Wandel trafen sie das Wohlerwogene; so waren sie, nichts mehr! Von Yü Dschung und I Yi (kann man) sagen, daß sie in der Verborgenheit lebten und ihren Worten Lauf ließen; in ihrem persönlichen (Wandel) trafen sie die Reinheit, in ihrem Rückzug trafen sie das den Umständen Entsprechende. Ich nun bin verschieden davon, (für mich gibt es) nichts, (das unter allen Umständen) möglich, und nichts, (das unter allen Umständen) unmöglich wäre.«

9. Der Rückzug der Musiker von Lu

Der Kapellmeister Dschï ging nach Tsi; der (Leiter der Musik beim) zweiten Mahl, Gan, ging nach Tschu; der beim dritten Mahl, Liau, ging nach Tsai; der beim vierten Mahl, Küe, ging nach Tsin; der Paukenmeister Fang Schu ging über den gelben Fluß; der Meister der Handpauke, Wu, ging über den Hanfluß; der Unterkapellmeister Yang und der Meister des Musiksteins, Siang, über das Meer.

10. Der Rat des Fürsten Dschou an den Fürsten von Lu

Der Fürst Dschou redete zu dem Fürsten von Lu und sprach: »Der Edle vernachlässigt nicht seine Nächsten; er gibt seinen Dienern keinen Anlaß zum Groll darüber, daß er sie nicht gebraucht; alte Vertraute verwirft er nicht ohne schwerwiegenden Grund; er verlangt nicht Vollkommenes von *einem* Menschen.«

11. Die vier Zwillingspaare der Dschou-Dynastie

Dschou hatte acht Beamte: Be Da, Be Go, Dschung Du, Dschung Hu, Shu Ye, Shu Hia, Gi Sui, Gi Gua.

BUCH XIX
DSÏ DSCHANG

Das XIX. Buch enthält 25 Abschnitte. Kein einziger direkter
Ausspruch Kungs ist darin enthalten. Es führt ein in die
Verhältnisse der Schulen, die sich von Kung nach seinem
Tode abzweigten. Beginnend mit zwei Aussprüchen
Dsï Dschangs, die ziemlich genaue Reminiszenzen aus
früheren Äußerungen des Meisters sind, schildert es in
Abschnitt 3 den Hergang einiger Schüler Dsï Hias zu
Dsï Dschang, der ihnen gegenüber Kritik an Dsï Hia übt.
Darauf folgen 10 Abschnitte mit Äußerungen Dsï Hias,
die sich ebenfalls ziemlich enge an frühere Worte des
Meisters anschließen und oft nur spezielle Anwendungen
oder weitere Ausführungen derselben enthalten. Dazwischen
einige Äußerungen Dsï Yus. Die letzte dieser Äußerungen
enthält eine Kritik Dsï Dschangs, der offenbar in ziemlich
starkem Widerspruch zu der Richtung in der Schule Kungs
stand, die später die herrschende geworden ist. Die nächsten
3 Abschnitte enthalten Äußerungen Dsong Schens, des
Hauptes dieser Schule, worauf noch 8 Abschnitte mit
Gesprächen Dsï Gungs (Duan Mu Sï) folgen, die dazu
dienen, das Mißverständnis zu beseitigen, das offenbar in
der Öffentlichkeit bald nach Kungs Tod aufgekommen war,
daß nämlich Dsï Gung noch über dem Meister stehe.
Seine eigne Autorität wird dagegen
ins Feld geführt.

1. Das Ideal des Gebildeten (Dsï Dschang)

Dsï Dschang sprach: »Der Gebildete, der angesichts der Gefahr sein Leben opfert, angesichts des Empfangens auf Pflicht denkt, beim Opfern auf Ehrerbietung denkt, bei den Totenbräuchen auf Trauer denkt: der mag wohl recht sein!«

2. Mangelnder Fortschritt (Dsï Dschang)

Dschang sprach: »Sein geistiges Wesen festhalten, ohne es zu erweitern, die Wahrheit glauben, ohne zuverlässig zu sein: kann ein solcher als einer gelten, der (die Wahrheit) hat, oder kann er als ein solcher gelten, der sie nicht hat?«

Wer sein Pfund vergräbt, ohne damit zu wuchern, wer der Wahrheit zwar in seinem Intellekt zustimmt, aber ohne daß sie eine Macht in seinem Leben wird, ein solcher ist weder kalt noch warm.

3. Dsï Hias Jünger bei Dsï Dschang

Junger Dsï Hias befragten den Dsï Dschang über den Umgang (mit Menschen). Dsï Dschang sprach: »Was sagt Dsï Hia darüber?« Sie erwiderten: »Dsï Hia sprach: ›Mit denen, die es wert sind, Gemeinschaft haben, die, die es nicht wert sind, fernhalten‹.« Dsï Dschang sprach: »Verschieden davon ist, was ich gehört. Der Edle ehrt die Würdigen und erträgt alle; er rühmt die Tüchtigen und bemitleidet die Unfähigen. Bin ich ein würdiger Charakter, was sollte ich die andern Menschen nicht ertragen können; bin ich ein unwürdiger Charakter, so werden mich die andern von sich fernhalten. Was soll da das Fernhalten der andern?«

4. Die Gefahr des Dilettantismus

Dsï Hia sprach: »Auch die kleinen Liebhaberkünste haben sicher etwas, das sich sehen läßt. Aber wenn man sie zu weit treibt, ist Verwirrung zu befürchten. Darum betreibt sie der Edle nicht.«

5. Der rechte Philosoph

Dsï Hia sprach: »Wer täglich weiß, was ihm noch fehlt, und monatlich nicht vergißt, was er kann, der kann ein das Lernen Liebender genannt werden.«

Wer fortwährend sich klar darüber ist, was an seinem Wissen noch der Ergänzung bedarf, und demgemäß systematisch weiterarbeitet und darüber den erworbenen Besitz nicht vergißt, sondern sich immer von Zeit zu Zeit Rechnung darüber gibt, der hat die rechte Art des Studiums.

6. Bildung und Sittlichkeit

Dsï Hia sprach: »Ausgebreitete Kenntnisse erwerben und fest aufs Ziel gerichtet sein, ernstlich fragen und vom Nahen aus denken: Sittlichkeit liegt darin.«

Es gibt eine entschlossene, konsequente Art des Studiums, die Universalität erstrebt; was ihre Methoden anlangt, so benützt sie in gleicher Weise zu ihrer Aufklärung die Erfahrungen andrer wie auch das eigne Denken: eine solche Art der geistigen Arbeit ist eine vollwertige Äußerung wahrer Humanität.

7. Das Gleichnis von den Handwerkern

Dsï Hia sprach: »Die hundert Handwerker bleiben in ihren Werkstätten, um ihre Arbeit zu vollenden; der Edle lernt, um seine Wahrheit zu erreichen.«

Der Handwerker arbeitet in seiner Werkstatt und bleibt sitzen an seiner Arbeit, und so wird ganz von selbst die Arbeit fertig. So ist es auch mit dem Studium des bedeutenden Menschen: er arbeitet voran, und in dieser Arbeit erreicht er schließlich ganz von selbst die Wahrheit.

8. Die Fehler der Gemeinen

Dsï Hia sprach: »Die Fehler der Gemeinen haben sicher eine Verzierung.«

Ein niedrig denkender Mensch wird es stets verstehen, seine Fehler zu bemänteln.

9. Die drei Verwandlungen des Edlen

Dsï Hia sprach: »Dreimal verschieden erscheint der Edle. (Aus der Ferne) gesehen (erscheint er) streng. Naht man ihm, so ist er milde. Hört man seine Worte, so ist er unbeugsam.«

10. Der Wert des Vertrauens

Dsï Hia sprach: »Der Edle (erwirbt sich) das Vertrauen, dann erst bemüht er seine Untertanen; wenn sie noch kein Vertrauen haben, so halten sie das für Härte gegen sich. Er (erwirbt sich) das Vertrauen (seines Fürsten), dann erst macht er Vorhaltungen;

wenn er noch nicht das Vertrauen (seines Fürsten) hat, so hält jener es für Beschuldigungen gegen sich.«

Das Vertrauen ist die Grundlage, auf der eine wahrhafte Wirksamkeit erst möglich wird. Daher wird der höhere Mensch es überall sich zu verdienen suchen, wo er mit Menschen zu tun hat. Hat er es mit Untergebenen zu tun, so erwirbt er sich erst ihr Vertrauen, ehe er ihnen Anstrengungen zumutet; denn wenn sie noch kein Vertrauen gefaßt haben und dennoch zu schwerer Arbeit herangezogen werden, so halten sie dieses Vorgehen nur für Härte. Ebenso sucht er im Verkehr mit seinem Fürsten erst dessen Vertrauen zu gewinnen, ehe er ihm Vorhaltungen macht; denn abgesehen von diesem gegenseitigen Vertrauensverhältnis wird der Fürst die Vorhaltungen nur als ungerechte Beschuldigungen empfinden und dadurch verletzt werden.

11. Die Großen und die Kleinen

Dsï Hia sprach: »Die Menschen von großer Tugend übertreten nie die Grenzen. Leute von kleinerer Tugend mögen wohl einmal aus- und eingehen.«

Die Menschen sind verschieden in ihrem geistigen Wesen, und dem entsprechend darf man nicht dieselben Maßstäbe an alle anlegen. Männer von großer sittlicher Veranlagung halten sich ganz von selbst innerhalb der Schranken der Vollkommenheit. Bei kleineren Geistern kann es auch wohl vorkommen, daß sie diese Grenze einmal überschreiten und erst hinterher sich wieder zurechtfinden. Das mag denn in ihrem Falle geduldet werden.

12. Dsï Yus Kritik und Dsï Hias Replik

Dsï Yu sprach: »Die Schüler Dsï Hias sind (wie) kleine Kinder: im Besprengen (des Fußbodens), Kehren, Gehorchen und Antworten, Eintreten und Hinausgehen: da sind sie zu brauchen.

Aber wenn über den Nebensachen die Hauptsache vernachlässigt wird, was soll das heißen?«

Dsï Hia hörte es und sprach: »Ei, Yän Yu ist im Irrtum! An der Lehre des Edlen: was ist da wichtig, daß es gelehrt werden muß, und was ist unwichtig, daß es vernachlässigt werden kann? Sie mag verglichen werden mit den Gräsern und Bäumen, die je nach ihrer Art verschieden behandelt werden müssen. Die Lehre des Edlen: wie dürfte man die verwirren! Wer Anfang und Ende zugleich besitzt, das ist nur der Heilige!«

13. Amt und Studium

Dsï Hia sprach: »Der Beamte, der Zeit übrig hat, möge lernen. Der Lernende, der Zeit übrig hat, möge ein Amt antreten.«

14. Die Trauer

Dsï Yu sprach: »Bei den Totenbräuchen gehe man nicht weiter als bis zu wirklicher Herzenstrauer.«

15. Dsï Yus Kritik an Dsï Dschang

Dsï Yu sprach: »Mein Freund (Dsï) Dschang kann (alle möglichen) schwierigen Dinge fertig bringen, aber sittlich (vollkommen) ist er noch nicht.«

16. Dsong Schens Kritik an Dsï Dschang

Meister Dsong sprach: »Großartig in seinem Auftreten ist (Dsï) Dschang, aber es ist schwer, in seiner Gesellschaft Sittlichkeit zu erstreben.«

17. Die Entfaltung des Wesens in der Trauerzeit

Meister Dsong sprach: »Ich habe vom Meister gehört, wenn ein Mensch sein eignes Selbst noch nicht entfaltet habe, daß das sicher in der Trauerzeit geschehen werde.«

18. Vorbildliche Pietät

Meister Dsong sprach: »Ich habe vom Meister gehört: Die kindliche Gesinnung des Herrn Mong Dschuang mag man in andern Dingen (zu erreichen) fähig sein. Aber daß er die Beamten seines Vaters und die Regierungsweise seines Vaters (nach dessen Tod) nicht veränderte, darin ist es schwerlich möglich (ihn) zu erreichen.«

19. Menschlichkeit gegen die Schuldigen

Das Oberhaupt des Geschlechts Mong hatte den Yang Fu zum Oberrichter gemacht. (Dieser) befragte den Meister Dsong. Meister Dsong sprach: »Daß die Oberen ihren Weg verloren und das Volk in der Irre geht, das dauert nun schon lange. Wenn du daher den Tatbestand (eines Verbrechens) erlangt hast, so sei traurig und mitleidsvoll und freue dich nicht darüber.«

20. Die Gefahr der falschen Stellung

Dsï Gung sprach: »Die Schlechtigkeit Dschou (Sins) war nicht so gar schlimm (wie man gewöhrdich von ihm denkt). Darum haßt es der Edle, in den Tiefen zu verweilen; denn alle Schlechtigkeiten des ganzen Erdkreises fallen sonst auf ihn.«

21. Die Fehler des Edlen

Dsï Gung sprach: »Die Fehler des Edlen sind wie die Verfinsterungen der Sonne oder des Mondes. Macht er einen Fehler, so sehen es die Menschen alle. Bessert er ihn, so sehen die Menschen alle wieder zu ihm empor.«

22. Die Quellen von Kungs Bildung

Gung Sun Tschau von We befragte den Dsï Gung und sprach: »Wie kam Dschung Ni (Kungs Gelehrtenname) zu seiner Bildung?« Dsï Gung sprach: »Der Pfad der Könige Wen und Wu ist noch nicht auf den Grund gesunken. Er ist noch vorhanden unter den Menschen. Bedeutende Männer wissen noch die Hauptsachen davon, unbedeutende Männer wissen noch die Nebensachen davon. Es gibt keinen Ort, wo der Pfad von Wen und Wu nicht mehr wäre. Wie hätte der Meister ihn da nicht kennenlernen sollen, und was brauchte er dazu einen einzelnen, bestimmten Lehrer?«

23. Die Hofmauer

Wu Schu von dem Geschlechte Schu redete bei Hofe zu den Ministern und sprach: »Dsï Gung ist bedeutender als Dschung Ni.« Dsï-Fu Ging-Be sagte es Dsï Gung an. Dsï Gung sprach: »Es ist wie bei einem Gebäude und seiner Mauer. Meine Mauer reicht nur bis zur Schulterhöhe: man kann leicht darüber wegsehen und das Schöne des Hauses (erkennen). Des Meisters Mauer ist viele Klafter hoch. Wer nicht die Tür davon erreicht und hineingeht, der sieht nicht die Schönheiten des Ahnentempels und den Reichtum der hundert Beamten. Die aber seine

Tür erreichen, das sind wohl wenige. Ist es darum nicht ganz in Ordnung, daß jener Herr so redet?«

24. Die Hügel und Sonne und Mond

Wu Schu von dem Geschlechte Schu schmälte auf Dschung Ni. Dsï Gung sprach: »Damit erreicht man nichts. Dschung Ni kann nicht geschmält werden. Andrer Menschen Bedeutung ist wie ein Hügel oder wie eine Anhöhe: man kann sie übersteigen. Dschung Ni ist wie Sonne und Mond: es wird nicht gelingen, über ihn hinwegzukommen. Wenn einer auch sich selbst von ihnen scheiden will: was schadet das Sonne und Mond? Man sieht daraus nur, daß er seine Fähigkeiten nicht kennt.«

25. Der Himmelsfürst

Tschen Dsï Kin redete zu Dsï Gung und sprach: »Ihr seid zu gewissenhaft; wie sollte Dschung Ni bedeutender sein als Ihr?« Dsï Gung sprach: »Unter Edlen genügt ein Wort, um als weise zu erscheinen, ein Wort, um als unweise zu erscheinen. Darum darf man in seinen Worten nicht unvorsichtig sein. Die Unerreichbarkeit des Meisters ist wie die Unmöglichkeit, auf Stufen zum Himmel emporzusteigen. Wenn der Meister ein Land (als Erbe) bekommen hätte, (so wäre es eingetroffen): ›Was er festsetzt, wird Gesetz, was er befiehlt, das geschieht; er gibt ihnen Frieden, und sie kommen herbei; was er bewegt, das ist im Einklang. Sein Leben ist herrlich, sein Tod schafft Trauer.‹ Wie wäre es möglich, ihn zu erreichen?«

BUCH XX
YAU YÜO

Das XX. Buch enthält nur drei Abschnitte von sehr unterschiedlicher Länge. Der Zweck dieses Buches ist kein anderer als der, Kung einzureihen unter die Großen Heiligen der Vorzeit. Daher zur Einleitung die feierlichen Einsetzungsworte, die Yau gesprochen, als er die Herrschaft über den Erdkreis an seinen Nachfolger Schun übertrug, und die Schun gesprochen, als er sie an den großen Yü weitergab. Darauf das Gebet des Königs Tang, der den Tyrannen Giä, den letzten Fürsten der Hia-Dynastie, stürzte. Ferner eine Schilderung der Regierungsgrundsätze der Dschou-Dynastie, die ihrerseits wiederum die von Tang gegründete Schang- oder Yin-Dynastie ablöste. Die Worte zum Schluß erinnern ganz auffallend an das Gespräch Kungs mit Dsï Dschang über die Staatsregierung XVII, 6. Nun wird Kung selbst eingeführt mit seinen Prinzipien bezüglich der Regierung des Erdkreises, wieder in einem Gespräch mit Dsï Dschang, das mit jenem eben erwähnten formell verwandt ist. Es ist wohl das in den alten Lun Yü als überzählig genannte Buch »Dsï Dschang« mit diesem Abschnitt zu identifizieren. Den Schluß des ganzen Werks bildet ein kurzer Ausspruch des Meisters, der seine Grundsätze im allgemeinen zusammenfaßt.

1. Die Heiligen Fürsten der Vorzeit

Yau sprach: »Du, o Schun! Des Himmels Bestimmung der Zeiten kommt an deine Person. Halte treulich diese Mitte. Wenn die (Menschen innerhalb der) vier Meere in Bedrängnis und Mangel kommen, so wird des Himmels Lohn für ewig zu Ende sein.«

Schun gebrauchte auch (diese Worte), um Yü zu betrauen.

… sprach: »Ich, dein Sohn Li, wage es, ein dunkelfarbenes Rind zu opfern; ich wage es, dir zu unterbreiten, o erhabener, erhabener Herrscher Gott, daß ich dem Sünder nicht wagte zu verzeihen; deine Knechte, o Gott, will ich nicht verdunkeln, ihre Prüfung geschehe nach deinem Herzen, o Gott. Wenn ich selbst Sünde habe, so rechne sie nicht den zehntausend Gegenden zu; wenn die zehntausend Gegenden Sünde haben, so bleibe die Sünde auf meinem Leib.«

»Dschou hat großen Lohn:
Tüchtige Männer sind dieser Reichtum.
Obwohl Dschou Verwandte hat,
(Stehen sie ihm) nicht so (hoch) wie gute Menschen.
Wenn das Volk Fehler hat,
so mögen sie auf mich alleine kommen.«

… Sie achteten sorgsam auf Waage und Maß, prüften Gesetze und Rechte, setzten entlassene Beamte wieder ein, und die Regierung der vier Himmelsgegenden nahm ihren Lauf. Sie brachten erloschene Staaten wieder zur Blüte, sie gaben abgebrochenen Geschlechtern Fortsetzung, sie zogen Leute ans Licht, die sich in Verborgenheit zurückgezogen hatten. Und alles Volk unter dem Himmel wandte (ihnen) sein Herz zu. Was sie besonders wichtig nahmen, war die Nahrung des Volks, Totenbräuche und Opfer. Sie waren weitherzig, so gewannen sie die Massen; sie waren Treu, so vertraute ihnen das Volk, sie waren eifrig, so hatten sie Erfolg; sie waren gerecht, so waren (alle) befriedigt.

Der alte Kaiser Yau sprach bei der Übergabe des Reichs an seinen Nachfolger Schun: »Du, o Schun! Die Zeit ist erfüllet, die vom Himmel bestimmte Herrschaft kommt an dich. Hüte treulich dieses Mittleramt. Wenn Bedrängnis und Mangel durch deine Schuld über das Volk auf Erden kommt, so wird die Herrschaft auf ewig von dir genommen werden.«

Dieselben Worte gebrauchte der Kaiser Schun, als er die Herrschaft auf seinen Nachfolger Yü übertrug.

Der Gründer der nächstfolgenden Dynastie, mit Namen Tang, betete nach der Bestrafung des Bösewichts Giä also zu Gott: »Ich, dein Sohn, unterwinde mich, mit einem schwarzen Rind vor dein Angesicht zu kommen, o hocherhabener Herrscher Gott, und dir zu unterbreiten, daß ich nicht wagte, dem Sünder zu verzeihen. Deine Knechte, o Gott, will ich nicht in der Dunkelheit lassen, ich will sie aussuchen nach deinem Herzen, o Gott. Wenn ich Sünde tue, so komme sie nicht über mein Volk; wenn aber mein Volk gesündigt hat, so bleibe die Sünde auf meinem Haupte.«

Der König Wu, nachdem er den Tyrannen Dschou Sin getötet hatte, sprach also:

»Groß ist der Lohn des Dschou-Geschlechts,
Tüchtige Männer sind sein Gut.
Mögen Verwandte zur Seite steh'n:
Tugend allein ist Ehren wert.
Fehler des Volkes allzumal
Räche an mir, dem Einen nur.«

Alle diese Heiligen auf dem Throne hatten gewisse Grundsätze gemeinsam, nach denen sie den Erdkreis verwalteten: Sie wachten über den Handelsverkehr, daß Waage und Maß gerecht und gleich waren. Sie sorgten dafür, daß die Gesetze und staatlichen Einrichtungen den ewigen Ordnungen menschlichen Zusammenlebens entsprachen, sie sorgten dafür, daß Ämter, die in Abgang gekommen waren, wieder eingerichtet wurden: auf diese Weise erreichten sie es, daß allenthalben eine geordnete Regierung in Kraft war. Sie bemühten sich außerdem, das Lehnswesen in Ordnung zu halten: Lehnsstaaten, deren Herrscherhaus ausgestorben war, besetzten sie aufs neue. Sie trafen Veranstaltungen, daß die vornehmen Familien, die aus Mangel an männlichen Nachkommen ohne den ihnen zukommenden Opferdienst waren, durch Adoptionszuweisungen im Genuß ihrer Ahnenopfer blieben, damit auch im Jenseits jeder zu seinem Rechte kam. Sie verstanden es, weise und tüchtige Männer, die sich von der Welt abgewandt und ins Privatleben zurückgezogen hatten, wieder hervorzuziehen, so daß ihre Dienste der Allgemeinheit zugute kamen. Auf diese Weise erreichten sie es, daß das Volk ganz von selbst sich ihnen zuwandte, so daß sie ohne Gewalttätigkeit in den Besitz der Oberherrschaft gelangten. Sie wandten ihre Sorge dem Wohlstand des Volkes zu und dem Frieden der Abgeschiedenen durch Ordnung der Totenbräuche und Ahnenopfer. Sie zeigten sich wohlwollend und nachsichtig und gewannen dadurch die Herzen ihrer Untertanen. Sie waren in ihren Handlungen zuverlässig, so daß sie das Vertrauen des Volks gewannen; sie waren in ihren Unternehmungen eifrig und energisch, so daß sie dabei wirkliche Erfolge erreichten. Sie waren mit ihren Absichten auf das Wohl des Ganzen gerichtet, so daß jedermann zufrieden war.

2. *Der rechte Herrscher*

Dsï Dschang befragte den Meister Kung und sprach: »Wie muß man handeln, damit man imstande sei, (gut) zu regieren?« Der Meister sprach: »Achte die fünf schönen (Eigenschaften) hoch und beseitige die vier üblen, dann bist du imstande, (gut) zu regieren.« Dsï Dschang fragte: »Welche (Eigenschaften) heißen die fünf schönen?« Der Meister sprach: »Der Herrscher ist gnädig, ohne Aufwand zu machen; er bemüht (das Volk), ohne daß es murrt; er begehrt, ohne gierig zu sein; er ist erhaben, ohne hochmütig zu sein; er ist ehrfurchtgebietend, ohne heftig zu sein.«

Dsï Dschang fragte: »Was heißt das, gnädig sein, ohne Aufwand zu machen?« Der Meister sprach: »Wenn man die (natürlichen Quellen) des Reichtums der Untertanen benützt, um sie zu bereichern: ist das denn nicht Gnade ohne Aufwand? Wenn man vorsichtig auswählt, (womit man das Volk gerechter Weise) bemühen darf, und es dann (entsprechend) bemüht: wer wird da murren? Wenn man Sittlichkeit begehrt und Sittlichkeit erreicht, wie wäre das gierig? Wenn der Herrscher ohne Rücksicht, ob (er es mit) vielen oder wenigen, ohne Rücksicht, (ob er es mit) Großen oder Kleinen (zu tun hat), nicht wagt, (die Menschen) geringschätzig zu behandeln: ist das denn nicht erhaben, ohne hochmütig zu sein? Wenn der Herrscher seine Kleidung und Kopfbedeckung ordnet, auf seine Mienen und Blicke achtet, daß er eine Hoheit (zeigt), so daß die Menschen, die ihn sehen, sich scheuen: ist das denn nicht ehrfurchtgebietend, ohne heftig zu sein?«

Dsï Dschang sprach: »Welche (Eigenschaften) heißen die vier üblen?« Der Meister sprach: »Ohne (vorherige) Belehrung zu töten: das heißt Grausamkeit; ohne (vorherige) Warnung (die auferlegten Arbeiten) fertig sehen (zu wollen): das heißt Gewalttätigkeit; nachlässige Befehle erteilen und (doch) auf Einhaltung der Zeit (bei der Ausführung dringen): das heißt Unrecht; und schließlich: wenn man (Belohnungen) an (verdiente) Leute gewährt, bei ihrer Verteilung zu geizen: das heißt Kleinlichkeit.

3. Die Summe der Lehre

Der Meister sprach: »Wer nicht den Willen Gottes kennt, der kann kein Edler sein. Wer die Formen der Sitte nicht kennt, der kann nicht gefestigt sein. Wer die Rede nicht kennt, der kann nicht die Menschen kennen.«

Wer zu den auserwählten Menschen gehört, denen die Herrschaft über andre anvertraut werden kann, der muß vor allem den Willen Gottes kennen, von dem alles auf Erden abhängt, damit er in all seinem Tun und Lassen sich nach ihm richten kann. Er muß die Schönheit verstehen, deren Rhythmus das Leben beherrscht und durch die Ewigkeit der Form der Vergänglichkeit der Erscheinung Halt verleiht. Er muß die Rede kennen, den Ausdruck dessen, was im Menschen ist, damit er imstande ist, die Menschen zu verstehen und zu leiten.